构建面向未来的学校课程体系

主编 刘同军 李素香 刘光平

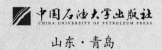

中国石油大学出版社
CHINA UNIVERSITY OF PETROLEUM PRESS

山东·青岛

图书在版编目（CIP）数据

构建面向未来的学校课程体系 / 刘同军,李素香,
刘光平主编 . -- 青岛:中国石油大学出版社,2021.12
ISBN 978-7-5636-7332-2

Ⅰ. ①构… Ⅱ. ①刘… ②李… ③刘… Ⅲ. ①课程建
设－教学研究－初中 Ⅳ. ① G632.3

中国版本图书馆 CIP 数据核字（2021）第 257910 号

书　　名：构建面向未来的学校课程体系
　　　　　 GOUJIAN MIANXIANG WEILAI DE XUEXIAO KECHENG TIXI
主　　编：刘同军　李素香　刘光平

责任编辑：郜云飞（电话　0532－86983572）
封面设计：青岛友一广告传媒有限公司

出 版 者：中国石油大学出版社
　　　　　（地址:山东省青岛市黄岛区长江西路66号　邮编:266580）
网　　址：http://cbs.upc.edu.cn
电子邮箱：jichujiaoyu0532@163.com
排 版 者：青岛友一广告传媒有限公司
印 刷 者：泰安市成辉印刷有限公司
发 行 者：中国石油大学出版社（电话　0532－86983437）
开　　本：710 mm × 1000 mm　1/16
印　　张：13
字　　数：238 千字
版 印 次：2021 年 12 月第 1 版　2021 年 12 月第 1 次印刷
书　　号：ISBN 978-7-5636-7332-2
定　　价：48.00 元

编者名单

主　编　刘同军　李素香　刘光平

副主编　李立岩　李　颖　李本海

编　者　王玉红　葛岩岩　姜　霞　逄　杰

　　　　　刘加云　管晓娟　李　伟　杨建华

　　　　　张宗敏　乔方荣　郭　红　李华政

　　　　　晁吉勇　朱宝彬　孙　洁　吴学燕

本书介绍"十三五"期间青岛西海岸新区实验初级中学(原校名是青岛经济技术开发区实验初级中学)在时任校长李素香的带领下不断推进学校课程建设的实践探索和研究成果。

坐落于黄海之滨的青岛西海岸新区实验初级中学成立于2011年。学校成立以来,秉承"培育阳光生命,奠基智慧人生"的办学思想,发扬"仁爱尽责,追求完美"的文化精神,不断提升办学品质,形成了"完美教育"的特色品牌。学校将育人目标定位为"培养有道德、爱生活、会学习、敢担当的现代中国人",并围绕这一育人目标,不断寻求课程发展之路。

建校之初,学校严格执行国家和山东省、青岛市的课程方案,着力构建以"问题导学"为特征的高效课堂教学模式,同时不断开发富有特色的校本课程。2014年,为增强课程对学生发展的适应性,发挥学科间的整体育人功能,落实立德树人的根本任务,学校开始进行课程整合研究与实验,对国家课程实施校本化改造。与此同时,积极探索信息技术与学科课程的深度融合,积极探索问题导学信息化模式。截至2016年,学校基本完成了国家课程和地方课程的初步整合,形成了涵盖初中段所有国家课程和地方必修课程的整合版的基础必修课程体系,并构建起含有几十门选修课的"润德、启智、健美"校本课程体系,优质课程供给的能力逐渐增强。

"十三五"时期,正值青岛西海岸新区实验初级中学第二个五年发展规划期,针对国家课程对学生差异化发展支持不够、地方课程被架空、校本课程量大课时少、三级课程配合不紧密等问题,学校关注学生差异化发展需求,关注学生核心素养的生成,提出了"三级课程整体建设,三年课程整体设计,三大体系整体构建"的课程建设思路,将三级课程资源统一规划和要素重组,整体构建起"Excellent润德养正启智臻美"学校执行课程体系,包括以国家课程为本、三级课程相融通的内容体系，以问题导学、学法重构为要点的实施体系，以多元评价、综合治理为特征的保障体系。该成果的实施，有效地促进了学校、学生、教师的发展，在全国多个省市的学校进行实践检验，取得了良好效果，并获 2018 年山东省基础教育教学成果一等奖。本书全方位展示了这段时期学校课程建设的成果。

本书共分 10 章。第一章是绪论，着重阐述问题提出的背景和核心概念等内容。第二章阐述了政策背景和理论基础。第三章是相关研究综述。第四章是"十三五"期间学校课程规划方案，详细介绍了学校的课程基础、"Excellent 润德养正启智臻美"学校执行课程体系的课程理念与课程目标、课程架构和课程设置方案。第五章介绍了学校对国家课程标准进行分学科精细化研读和校本化改编的成果。第六章举例说明了学科课程纲要的研制情况。第七章介绍了学校课程的内容体系，其中专门阐述了地方课程融入学校课程体系的思路和方法、综合实践活动课程的开发与实施情况。第八章展现了学校课程的实施体系，重点是问题导学、分层走班、艺体分块、社团自治、学法重构等，还介绍了学校借助信息技术支持学生差异化学习的实践探索，以及新冠肺炎疫情期间进行混合式教学的探索和实践。第九章介绍了学校课程的评价及保障体系。第十章是结语，集中阐述了学校课程建设的成果及创新点。

本书由刘同军策划并编写体系框架。第五章和第六章由相关学科教师完成，其他章节由刘同军完成，全书由刘同军统稿。

学校执行课程体系的构建是一个系统工程，是在李素香校长引领下由全校教师参与、历经数年完成的一个重大项目，得到了各级领导的支持和多位课程专家的指导，凝聚了全校教师的智慧，在此，向各位领导和专家表示衷心的感谢，向积极参与学校课程建设、默默奉献的实验初中老师们表示衷心的感谢。本书参考和引用了诸多文献，这里一并向这些文献的作者表示感谢。本书的出版得到了中国石油大学出版社郜云飞的大力支持，在此表示衷心的感谢。

囿于编者的学识、能力，本书可能仍存在许多不足之处，敬请广大读者及专家批评指正。

编　者

2021 年 6 月

目 录

Contents ●●●

第一章

绪　论

党的十八大提出,要把立德树人作为教育的根本任务。"树什么样的人""靠什么树人""怎样树人",是深化课程改革必须考虑的根本性问题。

《中华人民共和国教育法》指出:"教育必须为社会主义现代化建设服务、为人民服务,必须与生产劳动和社会实践相结合,培养德智体美劳全面发展的社会主义建设者和接班人。"这是新时期我们党的教育方针。2016年9月,中国学生发展核心素养研究成果公布,指出"全面发展的人"要具备人文底蕴、科学精神、学会学习、健康生活、责任担当、实践创新六大素养。这些成果从不同的视角回答了"树什么样的人"的问题,但"靠什么树人""怎样树人",我们的回答是靠课程。

一所学校要落实立德树人的根本任务,就要不断寻求课程发展之路。

第一节　问题提出的背景

课程是学生全部学校生活的总和,是学校的核心竞争力。一所学校之所以优质,一定是因为它有适合学生差异化发展的课程供给;一所学校之所以特色鲜明,一定是因为它的课程与众不同。

坐落于黄海之滨珠山脚下的青岛西海岸新区实验初级中学(原校名是青岛经济技术开发区实验初级中学)成立于2011年。学校成立以来,秉承"培育阳光生命,奠基智慧人生"的办学思想,发扬"仁爱尽责,追求完美"的文化精神,不断提升办学品质,形成了"完美教育"的特色品牌。学校将育人目标定位为"培养有道德、爱生活、会学习、敢担当的现代中国人",并围绕这一育人目标,不断寻求课程发展之路。

　　建校之初,学校严格执行国家、山东省和青岛市的课程方案,着力构建以"问题导学"为特征的高效课堂教学模式,同时不断开发富有特色的校本课程。2014年,为增强课程对学生发展的适应性,发挥学科间的整体育人功能,落实立德树人的根本任务,学校开始进行课程整合研究与实验,对国家课程实施校本化改造。同年10月,山东省教科所在我校召开"山东省第二届课程整合研讨暨青岛经济技术开发区实验初级中学现场观摩会",极大地推动了我校的课程建设工作。与此同时,学校积极探索信息技术与学科课程的深度融合,积极探索问题导学信息化模式。截至2016年,学校基本完成了国家课程和地方课程的初步整合,形成了涵盖初中段所有国家课程和地方必修课程的整合版的基础必修课程体系,并构建起含有几十门选修课的"润德、启智、健美"校本课程体系(如图1.1.1),优质课程供给能力逐渐增强。

图 1.1.1

　　但是,在学校发展和课程建设的过程中,也逐渐出现了一些深层次的问题和矛盾,主要有:

　　(1)现有课程对学生差异化发展的支持不够充分。

一方面,学生的差异是一种客观的存在,学生对课程的差异化需求逐渐旺盛。另一方面,国家课程因其作为公共框架和普适性的存在,缺少面对不同学生的针对性,不是十分完善。校本课程虽能在一定程度上满足差异,但极少的课时量减弱了其适应功能。课程实施中划一的教学进度和教学难度,既不能兼顾一部分学生深度学习、超前学习的需求,也没能顾及一部分学力不足的学生的现实状况。

（2）校本课程存在数量庞杂、体系纠缠、开设随意等问题。

首先,随着国家三级课程管理体制的建立,学校开发了数量可观的校本课程,但就学校当时的情况看,因缺乏顶层的系统设计,校本课程之间存在内容交叉重复、体系相互纠缠的问题,甚至与国家课程也有内容上的重叠现象。其次,受开发水平的限制,校本课程精品不多,有的与学校育人目标关联度低,有的偏离学校育人目标,缺失育人价值。再次,校本课程作为选修课程,即使是极少的课时也常被挤占,显示出一定的随意性,学校特色难以凸显。另外,有些以选修形式开设的课程,占用了学生自主支配的时间,在一定程度上加重了师生的负担。

（3）在课程实施过程中存在课时短缺、国家课程和校本课程两张皮、地方课程被架空等问题。

逐渐增加的校本课程和国家课程的并行式实施,使得课时短缺矛盾日益突出,课程管理的成本日益加大。虽然我们已经对国家课程和地方课程进行了初步整合,但是由于缺乏与之配套的评价体系,在实施过程中常因硬性的期中和期末统考而舍弃整合方案,存在国家课程和校本课程两张皮、地方课程被架空的现象。

这些问题都在呼唤着三级课程相融合的、多样性和可选性相兼顾的、分层和分块相协调的学校执行课程体系的诞生。

第二节　核心概念与研究目标

一、核心概念

所谓构建学校执行课程体系,就是学校行使课程执行权和设置权,依据国家课程标准、课程政策和学校育人目标,对所在学校实施的国家课程、地方课程、校本课程进行统一规划和要素重组,使之成为适合本校需求并实际执行的课程资源体系、课程实施体系、课程评价及保障体系。

构建学校课程体系,涉及课程整合,涉及国家和地方课程的校本化,体现了全面育人、整体育人的思想,体现了三级课程整体建设和一致性建设的课程建设思路。

二、研究目标

(一)理论目标

形成适应初中生差异化发展的"差异化发展理念",形成"学校执行课程体系"建设的理念和思路。

(二)实践目标

1. 提出"学校执行课程体系"的建设模式,一致性地构建学校课程内容体系和与之配套的课程实施、评价及保障体系,增加课程适应性、逻辑性、统整性,使得学校课程建设与实施过程中的深层次矛盾得以解决。

2. 通过执行课程体系,学校特色得以凸显,办学品质得到提升,师生负担得以减轻。

3. 形成可复制、可推广的初中段课程建设经验。

第三节　研究内容与研究方法

一、研究内容

在学校视域下,以改善教育实践为出发点,研究内容包括如下构成课程生态的几个方面:

1. 初中学校执行课程体系的构建,包括学校已有课程育人元素研究,学生差异化发展需求研究,学校执行课程体系的结构及内容研究,国家学科课程标准的校本化研究,分层、分块、综合课程的开发研究等。

2. 课程实施体系的构建,包括学校已有课程实施特色研究,分层、分块、综合课程实施方式研究,差异化学习方式构建研究等。

3. 课程评价及保障体系的构建,包括课程评价体系构建研究,课程管理体系构建研究,信息化平台改造升级等。

其中,研究重点是构建学校执行课程体系,难点是一致性地构建学校执行课程内容体系和与之配套的课程实施及评价体系。

二、研究方法

综合运用"实践探索—总结提升"归纳方式和"理论先行—实践验证"的演绎方式,既注重经验的总结与提升,又自觉寻求理论的指导。

本研究主要采用文献研究法、经验总结法、比较研究法。具体来说,用文献研究法概述国内外研究现状,找准本研究的逻辑起点。用经验总结法梳理学校已有成果经验,做到去粗取精,去伪存真,找准本研究的现实起点。用比较研究法,总结、比较一些学校构建学校课程体系的基本经验,为我们的研究提供借鉴。

第二章

政策背景和理论基础

构建学校执行课程体系，对国家课程、地方课程和校本课程进行统一规划与实施，既是学校的权利，也是学校的责任。学校课程体系建设是一个庞大的系统工程，既需要办学目标和办学思想的引领，也需要政策体系的支持，更离不开先进理论的指导。

第一节　政策背景

2001 年，教育部颁布《基础教育课程改革纲要（试行）》，标志着我国新一轮基础教育课程改革正式启动，指出："改变课程管理过于集中的状况，实行国家、地方、学校三级课程管理，增强课程对地方、学校及学生的适应性。""学校在执行国家课程和地方课程的同时，应视当地社会、经济发展的具体情况，结合本校的传统和优势、学生的兴趣和需要，开发或选用适合本校的课程。"对课程管理权的层级下放，提升了学校的课程管理权，而学校课程管理权的最直接表现就是学校的课程设置权。学校在课程设置过程中需要对国家课程、地方课程、校本课程进行有机整合，构建起学校自己的课程结构。

2014 年，教育部印发《关于全面深化课程改革　落实立德树人根本任务的意见》（教基二〔2014〕4 号），指出："改进学科教学的育人功能。全面落实以学生为本的教育理念。各地要组织开展育人思想和方法研讨活动，将教育教学的行为统一到育人目标上来。要在发挥各学科独特育人功能的基础上，充分发挥学科间综合育人功能，开展跨学科主题教育教学活动，将相关学科的教育内容有机整合，提高学生综合分析问题、解决问题的能力。"学校的课程整合和课程体系建设就是要系统解决学科育人与跨学科综合育人的有机联系,构建课程整体育人、全科育人的学校课程体系。

山东省《关于推进基础教育综合改革的意见》(鲁办发〔2014〕55 号)指出:"支持学校开发校本课程和特色课程,与国家课程和地方课程有序衔接。"

青岛市教育局《关于深化中小学课程改革的意见》(青教通字〔2015〕92 号)指出:"(要)扩大学校课程自主权,支持学校根据实际,积极推进国家和地方课程校本化。支持有条件的学校在落实各学科国家课程标准的前提下,学习借鉴各版本教材优点,对当前使用教材内容进行改编与整合。支持学校科学开发学校课程、组建学生社团,建立丰富多彩的'学校课程超市'。支持义务教育学校设立自主选课学习日。鼓励学校在不增加周教学时间总量的情况下,根据课程特点、课程内容及学生身心发展特点等因素,积极探索长短课、大小课、跨年级选课。鼓励有条件的学校探索建立学科教室。进一步落实学校教学进度安排、教学方式运用和教学评价实施等方面的自主权。""鼓励学校积极探索学科内、跨学科内容的整合。鼓励学校采取分散安排或集中安排的方式,统筹安排综合实践活动、地方课程、班队会等课程。各学校要大力加强社会主义核心价值观和中华优秀传统文化教育,挖掘青岛优秀传统文化、红色文化、地域文化、历史文化等资源,开发青岛优秀传统文化等学校课程。积极开展幼小、小初、初高之间课程衔接的实践探索。加强中学生生涯规划教育,指导学生课程选修。"

2014 年《北京市基础教育部分学科改进意见》等文件也指出,鼓励学校开展课程创新实验。鼓励有条件的学校开展课程整合与创新实验探索。充分发挥课程的整体育人价值,体现培养目标、课程标准、教材、教学与评价的整体性、一致性和协调性,关注学生生命的价值和意义。统筹各学段、各学科、各育人环节、各方参与人员和资源环境,以实现全科育人、全程育人、全员育人和实践育人。在科学论证的基础上,进一步扩大学校课程建设自主权。

《山东省中小学德育课程一体化实施指导纲要》(鲁教基发〔2016〕2 号)将小学、初中、高中的德育课程目标、内容等进行一体化设计,构建起德育课程、学科课程、传统文化课程和实践活动课程"四位一体"的德育课程实施新格局……实现全员育人、全科育人、文化育人、实践育人,全面提高中小学生的道德素养,促进每个学生健康成长,培养德智体美劳全面发展的社会主义建设者和接班人。

第二节　理论基础

本研究的主要理论基础有：系统论——系统的整体性原理,现象-诠释学课程理论,结构-功能主义理论,认知负荷理论,多元智能理论,课程目标理论等。这些理论为我们构建新的学校执行课程体系提供了依据。在课程建设的操作层面,以泰勒为代表的目标模式、以斯腾豪斯为代表的过程模式和以史克北为代表的情境分析模式为我们的探索研究提供了实践指南。

一、系统论——系统的整体性原理

构建学校课程体系涉及国家课程政策、课程管理权限,涉及学校育人目标、办学理念,涉及学校信息技术环境及区域社会经济环境,涉及课程资源、课程实施、课程评价和课程保障等,要充分认识这个系统所具有的复杂性,自觉借助系统论的思想来协调各部分之间的结构关系,实现整体中各要素的有机组合。

由奥地利生物学家L. V. 贝塔朗菲提出的系统论是研究系统的一般模式、结构和规律的学问。它研究各种系统的共同特征,用数学方法定量地描述其功能,寻求并确立适用于一切系统的原理、原则和数学模型,是具有数学性质的一门新兴的科学。根据系统论的观点,系统是由若干要素构成的,这些要素彼此关联、相互作用,所有系统都具有关联性、整体性、时序性、动态平衡性和等级结构性等基本特征。其中整体性观念最为重要,它是系统论的核心,系统中的各要素根据整体性、目的性特征和最优化原则进行组合,形成一个整体。系统的性质不能由某一要素单独决定,而是由要素彼此之间的相互作用、相互影响共同决定。系统中各元素按照一定的结构进行组合,在决定组建一个系统前,必须考虑系统各元素的特征、要素之间的相关性,确立要素组合目标,力求使系统中的各要素相互协调,实现要素优化组合。当系统间各要素以组合的目标为前提,实现优化组合后,经过组合后的系统的功能就会大于各部分要素功能之和;反之,系统功能就会小于各要素功能之和。因此,为了实现系统目标的最优化,以使系统发挥最佳功能,有时需要适当地改变要素的组合结构。

二、现象-诠释学课程理论

现象-诠释学课程理论是美国当代教育理论中的一个重要流派,它是以现象学、诠释学为基础发展而来的,代表人物是"概念重建主义"的提出者派纳、"现象学教学"的开创者范梅南以及"诠释学教育学"的建立者史密斯。现象－诠释学学派关注学生体验,认为不能将课程的本质与学科知识等同起来,课程的本质除了学科知识外,还应包含"学生的体验",即课程的本质是学科知识和学生体验的统一。同时,要把学生从当今课程"主体自我意识压抑"的束缚中解放出来,关注"主体自我意识",重视自我意识在学习中的作用,关注知识对学生主体的意义,强调学习者对知识的自我理解、学习兴趣、自主建构及其在学习过程中的个体体验,学习中知识的获得只是学习的一个方面,学习最主要的目的是让学习者通过与环境的作用以及和周围人的互动、合作、探究等活动,感受对学习的整体性体验,获得学习经验。

该理论启示我们在进行课程设计时不能只是关注知识,还要引导学生去理解和发现知识,体会知识的发现过程,关注学生的主体体验和个体经验的获得。这些观念和国家提倡的关注学生体验以及义务教育数学课程标准提出的数学"四基"中强调"数学基本活动经验"的理念是一致的。

三、结构－功能主义理论

结构－功能主义理论来源于法国社会学者涂尔干的学说,后来被美国学者帕森斯等人继承和发展。该理论认为,社会是具有一定结构或组织化手段的系统,社会的各组成部分以有序的方式相互关联,并对社会整体发挥着必要的功能。社会整体以平衡的状态存在着,任何部分的变化都会影响整体并最终形成新的整体平衡。在教育社会学中,结构－功能主义理论把教育看作社会整体的一个组成部分,担负着重要的社会功能。其中最重要的功能有两个:一是使个体社会化,让学生具备今后承担一定社会角色时必需的能力和义务感;二是对学生进行甄选,并将其分配到社会结构中的相应位置上去。

该理论对构建学校课程体系的指导意义在于:一是学校课程体系建设要关注学生个体的差异性,二是合理的课程结构是确保课程整体育人目标实现的基本前提。

四、认知负荷理论

认知负荷理论是 1988 年由澳大利亚心理学家斯威勒首次提出的,其中认知负荷包含三个方面:内部认知负荷、外部认知负荷和关联认知负荷。内部认知负荷由正在学习的材料、个体已有的知识结构二者之间的相关性决定,即与学习任务的难度相关；外部认知负荷是除内部认知负荷以外的认知负荷，一般是由课程设计、课程内容呈现方式不够合理引起的；关联认知负荷指一些附加的学习和教学，这些学习和教学方式不是课程或者目标实现所要求的，而是学习者和教师为了更好地完成学习和教学目标自觉投入的，这些投入有利于学习者建构知识，会给学习者的学习活动带来负荷，并能促进学习的认知负荷。这三类认知负荷在学习过程中并非是孤立出现，而是叠加在一起的。学生学习的效率取决于这三个认知负荷叠加在一起的总体认知负荷大小，如果三者叠加在一起的结果超过学习者所能承载的认知负荷限度，学习者的学习就会陷入困境，学习效率变低。所以在课程和教学设计时"要尽可能减少外部认知负荷，增加关联认知负荷"，并使得负荷总量不超过学习者的认知承受限度。

该理论启示我们认知负荷对学生的学习具有重要影响，进行课程设计时要考虑学生的已有知识水平，联系以前的知识，减少内部认知负荷。要考虑学生的已有经验，根据课程设计目标和原则有过渡性地呈现学习内容，减少外部认知负荷，提高学习和理解效率。

五、多元智能理论

多元智能理论是美国当代著名心理学家和教育学家加德纳博士于1983年在其《智能的结构》一书中首先系统地提出并在后来的研究中得到不断发展和完善的人类智能结构理论。该理论认为，智能是解决某一问题或创造某种产品的能力，而这一问题或这种产品在某一特定文化或特定环境中是被认为有价值的。就其基本结构来说，智能是多元的，每个人身上至少存在八项智能，即语言智能、数理逻辑智能、音乐智能、空间智能、身体运动智能、人际交往智能、自我认识智能、认识自然的智能。加德纳认为，实践证明每一种智能在人类认识和改造世界的过程中都发挥着巨大的作用，具有同等的重要性。多元不是一种固定的数字概念，而是开放性的概念。个体到底有多少项智能，也是可以商榷和改变的。他所提出的八项智能的观点，在某种程度上还只是一个理论框架或构想，随着心理学、生理学等相关学科的进一步发展，多元智能的种类将可能得到发展。

多元智能理论提倡全面的、多样化的人才观，倡导积极的、平等的学生观，倡导个性化的因材施教的教学观，倡导多种多样的、以评价促发展的评价观,对课程建设和学校教学具有重要的指导意义。

六、课程目标理论

课程目标是"一定教育阶段的学校课程力图促进这一阶段学生的基本素质在其主动发展中最终可能达到国家期望的水准"。它是一个阶段性的目标,是关于学生学习和发展的期望目标,学生的学习和发展是目标制定的出发点和最终归宿,是"课程本身要实现的具体目标"。课程目标是下位于教育目的和培养目标的一个具体目标,是教育目的达成过程中的一个环节,因此必须要受教育目的的制约,体现教育目的这一国家教育总体目标对人才培养的方向和方针。同时,课程目标还要体现特定阶段、特定类别学校培养目标的总体要求,在体现总体培养目标的前提下,将目标具体化,使之形成一个可操作的目标策略,同时目标要具有学科特性,用于指导学科课程的设计和编排,为指导教师进行教学目标的制定提供一个稳定的依据和参考,为学校教学评价和教学目标的达成提供依据和指导。

(一)实用主义课程观

美国教育家杜威以实用主义教育哲学为基础提出了实用主义课程观。杜威从经验论出发,提出教育是经验持续不断的改组或改造。教学应从儿童的经验和活动出发,而儿童的本能是他们获得经验的基础。儿童有四种本能,分别表现为四种活动:一是语言和社会的本能及其活动,二是制作的本能和活动,三是研究和探索的本能及其活动,四是艺术的本能及其活动。学校课程的设置只能顺应这些自然的倾向,发展和满足它们,而不能压抑和违反它们。

杜威认为:"决定学习的质和量的是儿童,而不是教材。""学校科目互相联系的真正中心,不是科学,不是文学,不是历史,不是地理,而是儿童本身的社会活动。"这就是所谓的"儿童中心课程"。他还认为各门学科如语文、算术、历史、地理、植物等都是人类种族的经验,儿童的经验也应包含组织到学科中的那些同类因素——事实和真理。儿童与课程构成一个单一过程的两极,儿童已有经验里的事实和真理是起点,包含在各门学科中的事实和真理是终点,只有把教材引入儿童生活,让他们直接体验,才能把两点联系起来。他还提出"做中学"的口号,要求把园艺、木工、金工、烹饪、缝纫、编织等作业列入学校课程。基础知识和基本技能的学习,也要围绕各种活动进行。按照这种理论编订的课程称为"活动课程"。这种课程虽然容易激发儿童的学习兴趣,便于联系实际生活,但是难以教授系统的科学基础知识,不利于完整地传递人类文化遗产。

(二)结构主义课程观

美国著名心理学家布鲁纳是结构主义课程与教学论的首席代表。结构主义课程观强调"学科结构"的意义,主张螺旋式课程编制,认为课程评价"是指导课程建设和教学的",注重早期教学,倡导发现学习。

主要观点有:

(1)知识是我们为赋予经验中的规律性以意义和结构而构成的一种模式。任何知识体系组织中的观念,都是为了经济和连贯地陈述经验而发明的。

(2)任何学科中的知识都可以引出结构。例如,自然科学就是研究范围广泛但不用多事记忆的各种特性的一种很严谨的方式……物理、化学和动物学方面的进展,从来就要依赖建立一套可据此导出各种特性的基础理论与范例。

(3)掌握事物的结构,就是以允许许多别的东西与它有意义地联系起来的方式去理解它。学习结构就是学习事物是怎样相互关联的。

(三)建构主义课程观

建构主义课程观可以归纳为两点:第一,知识不是被动接受的,而是认识主体积极建构的;第二,认识的功能是适应性的,为的是要组织个体的经验世界,而非发现客观的本体上的实体。当代建构主义课程观关于学习的基本假设是:学习者具有主体性和能动性,构建着关于课程世界的知识;学习是学习者的一种主动建构活动,学习过程同时包含两方面的建构;学习是在具体社会情景中进行的。学习是学习者主动建构内部心理表征的过程,它不仅包括结构性的知识,还包括大量非结构性的经验背景。学习者以自己的方式建构对事物的理解,因此不同的人看到的是事物的不同方面,不存在唯一理解的标准。

除了以上罗列的课程理论之外,还有著名的泰勒原理、威廉·派纳基于现象学和存在主义提出的"理解课程"理论等,这些丰富多样的课程理论是学校课程建设的思想宝库和指路明灯。如整体教育论的代表人物斯马茨认为,"即使累积了某部分,也不能达到整体。这是因为,整体远大于部分之和"。整体教育论倡导求得共生的生态型教育,强调要重视教育过程的整体性,认为学校中所教授的各门学科不过是从一个侧面切入这个整体的一种尝试。后现代课程观的代表人物多尔提出了课程的四个标准，即：丰富的(rich)、回归的(recursive)、关联的(relational)、严密的(rigorous)，简称"4R"。后现代课程观试图超越传统的科层制课程，以"跨学科整合"的组型打破学科界限，课程被视为一种整体的和动态辩证的历程，是不能予以肢解和割裂的。

应当指出，学校办学理念的价值取向是课程体系建设的理论逻辑起点。学校对教育哲学的本体认识，决定了学校课程体系建设的基本方向。从本体论角度看，教育起源于人的生理性学习，教育的终极目标应该是服务和发展人的先天性学习兴趣与需求，人的这种先天性的学习本能正是追求幸福人生的本能需要。我校践行的"培育阳光生命，奠基智慧人生"的办学思想正是对这种人本主义教育哲学的回应。从教育价值论角度看，教育的价值就是对人的价值的发展。人的价值可分为三个层次，即：元价值、工具性价值和消费性价值。我校提出的育人目标"培养有道德、爱生活、会学习、敢担当的现代中国人"就体现了对人的三个层次价值发展的回应。

第三章

学校课程建设相关研究综述

本研究通过中国知网利用"学校课程建设""国家课程校本化""学生差异化发展"等关键词进行文献检索,并选择有代表性的 200 余篇相关文献进行了分类、阅读、分析,梳理了我国中小学进行课程建设的历史进程,收集了一批典型经验,发现了一些课程建设的发展趋势。

第一节　关于学校课程建设趋势的研究

新中国成立以来,我国中小学的课程建设大体经历了三个阶段:第一阶段是在 2001 年基础教育课程改革之前,中小学忠实执行课程而不建设课程。第二阶段是从 2001 年开始,我国基础教育课程改革确立了国家、地方、学校三级课程管理体制,中小学局部建设校本课程。第三阶段是始于最近几年的中小学学校课程建设阶段,一些条件较好的学校,以学校为单位,基于育人目标和办学特色,整体规划学校课程体系。

北京市教育科学研究院杨德军认为,北京市三级课程建设先后经历了拼盘结构、课程综合化、三级课程整体构建三个阶段。北京师范大学胡定荣教授在分析当前中小学课程建设中面临的八大问题与改进建议时,提出了"学校整体课程"的概念,他说:"学校课程的有效统筹建设需要从学校整体课程(包括国家规定、地方开发、学校实施的课程等)建设现状的诊断分析入手,寻找学校课程建设改进的方向。"

北京教育科学研究院李群研究员在分析北京市学校课程建设的基础上,总结出国家课程校本化实施的三种基本范式。他认为,教学模式构建范式以课堂教学改造为基本路径,并非真正的国家课程校本化实现方式;结构改造范式体现了学科内整合与跨学科融合的思路,是国家课程"准"校本化实施方式;课程重构范式旨在形成学校自己的课程,真正体现了国家课程校本化的意涵。

北京师范大学课程与教学研究院院长王本陆研究员认为,中小学课程建设的整体化、精细化、协同化,是未来发展的基本趋向。教育部教育发展研究中心副主任陈如平指出,学校课程体系建设要把握三个关键:一是站在"整体育人"的高度来设计课程体系,二是搭建科学合理、充满活力的课程结构,三是努力追寻课程体系建设的价值和意义。

第二节　关于课程适应学生差异化发展的研究

李定恒认为,以往的能力分组的课程差异化和课堂差异化教学式的课程差异化都不能满足差异日益显著的学生,真正从课程的视角进行系统研究以应对学生的个体差异性问题已成为必然。课程差异化是为实现社会多元和谐发展与个体潜能充分展现,从多个维度对课程进行合理性异构,最终实现学生最大化发展的活动。差异化课程在于严肃地对待人类的差异,以学生的差异性作为课程的不同切入点,为所有学生提供充分发展的差异化的途径,以实现真正的理解。课程差异化的特征有适切性、多样化、层级性、开放性和动态性等。差异化的课程体系应从课程编制的视角,即从课程目标、课程结构、课程内容和课程评价等维度进行构建。

教育部教学管理改革指导专业委员会委员靳玉乐指出,学校课程建设不仅要为学生全面发展和均衡发展提供优质的课程平台,而且要为学生的个性发展提供更多的课程选择机会,而这也成为学校课程建设的根本宗旨。也就是说,学校课程建设不仅要尊重和承认学生兴趣、经验等个性的差异性,最大限度地根据学生的年龄阶段、个性需求以及学校的课程资源、学校特色或传统的独特性,为每一位学生自主发展、个性发展以及多样化发展提供课程选择空间与平台,还要在课程目标、课程内容以及课程实施与评价等维度突出、强化学生发展需求的选择性、差异性以及多元性,从而提升学校课程对于学生需求的针对性、适应性以及实效性。

华中师范大学伍远岳认为,课程的适应性即课程的个性化、选择性与包容性。在课程建设中,学校应根据学生的个性特点和动态成长变化为学生提供最适应其发展的课程。现代教育大数据的发展、学习行为分析技术以及学校课程审议制度的完善,为学校构建具有适应性的课程提供了契机,为真正实现课程对每个学生的发展价值提供了可能。他说:"构建适应性课程不仅是单一的课程设计或实施的变革,而且是一整套课程理念与模式的转变。建构具有适应性的课程,需要我们超越'基于常识'的课程观,转向'基于数据''基于证据''基于事实'的课程观,借助教育大数据、学习行为分析以及课程审议制度,实现学校的课程重建。"

中国教育科学研究院曹培杰、王素强调,未来学校要构建满足学生个性需求的课程体系,根据国家课程标准与学生核心素养,全面梳理国家课程、地方课程、校本课程中重复交叉的内容,采取删减、融合、增补、重组等方式,大力推动国家课程校本化、校本课程特色化,灵活开展大小课、长短课、阶段性课等课时安排,积极探索跨学科协同教学,构建主题突出、特色鲜明、面向未来的学校课程体系。

上海市中学语文特级教师程红兵认为,面向未来的课程变革应实现:基础课程校本化重构,拓展课程生本化建设,特需课程个性化建设。

第三节　关于学校课程建设中顶层设计的研究

学校的课程建设需要在系统论的支持下进行顶层设计。马云鹏教授指出,课程设计是"按一定的教育观念和价值取向,对课程整体结构和构成要素进行的规划和安排"。张威在其硕士论文中论述了顶层设计理念下的学校课程建设思路,认为顶层设计作为一种设计方式抑或科学方法,汲取了系统论、控制论和协同论的整体性、全局观、要素观、内外环境论、互动协调等思想,形成了一套独特的方法论体系。基于顶层设计理念的学校课程建设具有系统性、有序性、稳定性、反馈性、长期性。

成都树德中学在总结其"卓越人生"教育学校课程建设经验时认为,学校课程顶层设计反映学校课程领导力,体现学校课程的价值选择。创生设计学校课程,应传承学校文化并关照课程实践,体现学校课程的文化品格与实践形态;应有紧密的结构关联和鲜明的层次感,突出课程的整体效应、适应性与选择性;应有足够的制度支撑和组织保障,提升课程品质;应开放教育资源,积极发挥课程整合功能,丰富课程样态,聚焦课程实效。"课程设计有广义与狭义取向,一类是技术取向,另一类是理性主义取向。""学校的课程设计应坚持综合取向,这样才会使学校的课程设计既有学校思想文化性,又有实践感。"

第四节　关于信息技术与课程深度融合的研究

在信息技术飞速发展的今天,构建学校课程体系不能无视技术的影响,而是必须主动拥抱智慧教育,使学校课程建设既适应时代发展的需要,又得益于信息技术和人工智能的支撑。

一、国外研究现状及趋势

技术与课程的深度融合,是一种世界性趋势。以数学课程为例,美国的《NCTM 数学课程标准 2000》提出让学生使用计算机和计算器的要求。由马萨诸塞州教育专家、数学教师、数学家、学生家长和相关团体部门人员共同制定的《马萨诸塞州数学课程框架》指出"技术是数学教育中必不可少的工具"。《面向全体美国人的科学——美国 2061 计划》,建议"要减弱或消除严格的学科界限,注重科学、数学和技术的连接"。日本把计算机和数学指定为必修课,数学课程也提高了对计算机的要求,《基础数学》《数学 B》《数学 C》都提到了应用计算机,教材中有用电脑作图、处理数据的操作要求,还有专门关于算法和程序设计的知识内容。新加坡的数学教育在第三次国际数学与科学教育调查中位居第一,其重要措施是从 1997 年开始启动的课程改革中,开发出了充分体现技术与课程整合的数学教材 *New Mathematics Counts*。加拿大各学段学习内容的重复性,使得加拿大将信息技术教育和信息技术与课程整合教学多放在初中,而对高中的要求相对初中来说很少。

以"数字时代重思学习:赋予学习科学重要使命"为主题的第十三届学习科学国际大会(2018,伦敦)上,"信息技术背景下的学习研究"位列八大热点之首。麻省理工学院等高校研究者强调要从中小学阶段培养计算思维,应将计算思维与其他学科的学习整合起来。塞浦路斯理工大学研究者的研究表明,增强现实技术通过将"不可见"化为"可见",促进和持续支持学生在逼真的挑战性环境中进行探究。

二、国内研究现状概述

国内学术界对课程整合的研究经历了萌动期、爆发期和调整期三个阶段（刘英，2017），取得了大量的研究成果。

第一，理念方面。西北师范大学张定强教授认为整合的实质就是实现双赢，即提高学生学科素养与信息技术素养的全面发展。信息技术不仅可以提供一种重要的课程资源，而且是课程构建过程中一种不可或缺的重要组成部分。信息技术与学科课程之间更是有着一种不可分离的渊源关系，二者是相互依存、相互促进，彼此协调发展。蔡清田、钟启泉等学者认为，在学校内部，课程组织的形式多种多样，而"统整课程是培养学生素养较为理想的模式"。

第二，理论方面。东北师范大学黄甫全教授认为信息技术支持下的课程研究应包括两个层面的课题：第一个层面是信息技术对课程的改造，也即"课程信息化"；第二个层面是信息技术与课程实现一体化，即信息技术与课程的深层次融合、渗透。李克东提出"数字化学习是信息时代学习的重要方式，数字化学习是信息技术与课程整合的核心""关键是要把信息技术作为学生认知的工具"，教师作为学生学习的引导者，要时刻学习先进的科学知识和信息技术知识。姜玉莲认为，虽然技术本身并不能直接产生思维，但是"技术丰富课堂环境对高阶思维发展整体具有促进作用"。朱彩兰认为，信息技术课程设计应面向学科思维发展，关注学生信息化思维方式的发展，将学科思维融入课程观念、知识体系中，凸显信息技术课程的本体价值。任友群指出，有效融合的关键在于技术能否嵌入生态、走向常态。尹睿认为，在神经网络化人工智能支持下，教师成为课程创新者，学生成为自主学习者，人工智能作为助教或学伴，三者间多维交互生成新形态的智能课程。崔英梅认为，信息技术在我国初中数学教科书中呈现得不够系统，而且与课程内容未能很好地整合在一起。

第三，实践方面。以数学学科为例，自 1999 年人民教育出版社把几何画板软件引入我国，二十多年来，以陶伟林为代表的一大批数学教师深入研究几何画板的教学应用，有效地推动了数学教育的发展，改善了学生数学学习的体验和数学课堂的样态。赵生初等借助数学教学实践中的一系列案例，揭示了几何画板软件在数学教育中的价值及其产生的巨大影响。几何画板也被公认为是最适合初中学生学习数学的工具软件。张景中院士开发了 Z+Z 动态数学平台，把技术的教学应用又向前推进了一大步。左晓明等人探讨了基于动态数学软件 GeoGebra 的数学教学全过程优化策略。

综上所述，信息技术与学科课程的深度融合既是国家战略，又是世界性趋势。但不可否认，虽然这一领域的理论研究成果已经十分丰富，但是真正传导到一线数学课堂中的成分还相当有限，正如张绍军博士所言："十余年来的实践证明，基础教育的课堂没有发生根本性的变化，先进的课程理念、课程体系没有转化为先进的课堂教学实践。"

第四章

学校课程规划方案

为了全面贯彻教育部《关于全面深化课程改革 落实立德树人根本任务的意见》（教基二〔2014〕4号），全面达成《青岛西海岸新区实验初级中学第二个五年发展规划》提出的办学目标和育人目标，积极探索发展学生核心素养的有效途径，根据青岛市教育局《关于深化中小学课程改革的意见》（青教通字〔2015〕92号）、《山东省中小学德育课程一体化实施指导纲要》（鲁教基发〔2016〕2号）、《山东省中小学教学基本规范》（鲁教基发〔2015〕6号）等文件精神，制定了《青岛西海岸新区实验初级中学课程方案》（以下简称《课程方案》）。

《课程方案》以"教育要面向现代化，面向世界，面向未来"和"教育必须为社会主义现代化建设服务，必须与生产劳动相结合，培养德、智、体等方面全面发展的社会主义事业的建设者和接班人"为指导思想，以立德树人为根本宗旨，以社会主义核心价值观为引领，以"培养有道德、爱生活、会学习、敢担当的现代中国人"为育人目标，确立新的课程体系。

《课程方案》旨在依托青岛市和青岛西海岸国家级新区数字化城市的教育环境，构建以德育为核心、以培养和发展学生的核心素养为重点、以完善学习方式为特征、以深度应用现代信息技术为标志，关注学生学习经历和促进每一位学生全面发展和个性化发展的课程体系。

第一节　课程基础及现状分析

青岛西海岸新区实验初级中学的课程建设，必须植根于已有基础，这些基础主要是学校办学基础、已有课程基础、课程实施基础和课程研发基础。

一、学校办学基础

青岛西海岸新区实验初级中学坐落于黄海之滨,自建校以来,一直秉承"培育阳光生命,奠基智慧人生"的办学思想,发扬"仁爱尽责,追求完美"的文化精神,不断提升办学品质,形成了"完美教育"的特色品牌,逐渐成长为学校声誉佳、文化氛围浓、教学质量优、教师素质高、学生自主发展能力强的全国知名的现代化名校,在青岛市基础教育领域发挥了积极的示范引领作用,赢得了社会各界的普遍赞誉。

(一)办学特色

学校以"完美教育"为办学特色,凸显治理的多元化、课程的个性化、课堂的问题化、德育的一体化。

(二)学校发展目标

继承与发扬实验初中"仁爱尽责,追求完美"的文化精神,通过继承、完善、优化、创新,彰显完美教育品牌,将实验初中建设成为一所中国著名、世界知名的学校。

(三)育人目标

学校的育人目标是:培养有道德、爱生活、会学习、敢担当的现代中国人。

"有道德"即行为举止文明礼貌,待人接物尊重平等,善交朋友诚信豁达,品位高雅融入团队,重正义淡名利,重感情讲仁义,重团队轻私利,先人后己,品行高尚。

"爱生活"即珍爱自然生命,积极面对人生,热情追求理想,优化生命过程。有声有色地学习、生活,心胸开阔,性格阳光,至少有一项艺、体等方面的爱好。

"会学习"即乐于学习、善于学习、勤于学习,能够自主学习、合作学习、数字化学习、随时随地学习、终身学习,能够在学习中勤于反思,注重方法,有效率意识。

"敢担当"即爱祖国、爱民族、爱人民,有家国情怀。能够对自己、对家庭、对社会担当责任、履行道义。

"现代中国人"即对祖国具有强烈归属感、具有国际视野、具有适应终身发展和社会发展需要的必备品格和关键能力、具有创新精神和综合素质的人。

二、已有课程基础

（一）不断升级的课程体系

学校围绕"培养有道德、爱生活、会学习、敢担当的现代中国人"这一育人目标，不断寻求课程发展之路，经历了不同的课程发展阶段。

建校之初，学校在对国家课程和地方必修课程"忠实执行"的过程中，着力构建以"问题导学"为特征的高效课堂教学模式，同时不断开发富有特色的校本课程。

2014 年开始，为增强课程对学生发展的适应性，发挥学科间的整体育人功能，消除在育人上的学科壁垒，学校开始进行课程整合研究与实验，对国家课程实施校本化改造。2015 年，进一步完善整合方案，加大跨学科整合及信息技术融合，又推出了升级版的整合课程并陆续出版。到 2017 年，我校已经完成了国家课程和地方课程的初步整合，形成了涵盖初中段所有国家课程和地方必修课程的整合版的基础必修课程体系，并构建起了含有几十门选修课的"润德、启智、健美"校本课程体系，优质课程供给的能力逐渐增强。

自 2017 年以来，学校提出了"三级课程整体建设，三年课程整体设计，三大体系整体构建"的学校课程整体化建设思路，构建起"Excellent 润德养正启智臻美"学校执行课程体系，关注学生核心素养的落地和生成，对学生的全面发展、差异化发展、优质发展提供支撑。

（二）已有课程特色

"润德、启智、健美"校本课程体系，以"彰显育人价值，充满智慧挑战，洋溢成长气息，直抵核心素养，提升生命质量"为价值追求，形成了如下特色：国家课程校本化，润德课程生活化，启智课程适应化，健美课程模块化，课堂教学问题化，融合应用常态化。

三、课程实施基础

1. 问题导学，转变思维单一性。

通过三级建模构建了"问题导学"教学模式：以问题为核心，以探究为主线,让学生在发现和提出问题、分析和解决问题的过程中,培养批判质疑和勇于探究的科学精神。

2. 分层教学,实现发展针对性。

根据学生的学习水平和内容的难度设置不同梯度分层,有针对性地为学生提供合适的课程。

3. 艺体分块,促生发展多样性。

艺体课程实行模块自选、走班上课和"268"(2个环节,6个班,8个模块)上课组织形式,确保一生一特长目标的落实。

4. 选课走班,落实发展选择性。

整体化构建学校课程之前(2017年之前),校本课程实现选课走班,四大类80余门校本课程同时开放。以课程的丰富性和选择性,助推学生个性化成长。整体化构建学校课程之后,在部分年级、部分学科、特定时段的教学中,采用不改变行政班、教学班适时分层的走班形式,用灵活多样的教学实施适应学生的差异化发展。

5. 社团自治,实践发展自主性。

100多门社团课程实现学生自主申报、自主参与、自主管理的需求。学生学会了尊重,懂得了合作,体会了规则,产生了领袖,生成了社会参与的意识,提高了综合素养。

6. 重构学法,融合发展多样性。

在互联网 + 环境下,以多种学习方式实现信息技术与教育教学的深度融合。学生可自由选择网络空间学习、能力导向式学习、线上线下混合式学习、翻转课堂学习、引导式移动探究学习、协同知识建构学习、创客学习、项目式学习等最适合自己的学习方式。

7. 多元评价,保障发展持续性。

一是评价的价值取向多元,注重过程诊断。二是评价维度多元,同时关注学习兴趣、学习态度、学习习惯、学习结果等多个维度。三是评价表达多元,如设计评价、交互评价、大数据评价、档案袋评价等,目的就是帮学生认识现实的自己,让评价变得真实而丰满。四是评价方式多元,将自我评价、小组评价、教师评价等方式综合呈现。

四、课程研发基础

近年来,学校不断加大教师培养培训力度,通过修身工程、课题带动工程、未来教育家工程、首席完美教师工程、名师工程、青蓝工程等不断提升教师的师德修养和专业素养,通过鼓励教师开发和实施校本课程、全体教师参与课程整合、全员开发整合版学案、全员参与微课知识树制作等一系列活动,不断提升教师的课程开发与实施能力,形成了一批学科齐全、业务精良的课程开发骨干教师队伍,为学校课程建设积累了很好的研发基础。

第二节　课程理念与课程目标

一、课程理念

课程的基本理念是以学生发展为本,坚持全体学生的全面发展,关注学生个性的健康发展和可持续发展。

1. 课程要为学生提供多种学习经历,丰富学习经验。

确立学生在学习中的主体地位,关注学生的已有经验、兴趣爱好、个性与特长等发展特点。

树立课程要为学生提供多种学习经历的观念,通过课程体系的构建与实施,为学生提供品德形成与人格发展、潜能开发与认知发展、身体与心理发展、艺术审美、综合实践等方面的学习经历。

关注学生学习的过程,通过创设学习情境、拓宽学习渠道,帮助学生在学习过程中体验和感悟、建构和丰富学习经验,实现知识传承、能力发展、积极情感形成的统一。

2. 以德育为核心,注重培养学生的创新精神、实践能力和积极的情感。

丰富德育内涵,在重视品德和行为规范教育的基础上,加强以爱国主义为核心的民族精神教育,增强学生的民主与法治意识、诚信意识和生命意识,重视人文精神与科学精神的培养。

改进德育方式,拓宽德育渠道,创造性地落实《山东省中小学德育课程一体化实施指导纲要》的要求,统筹课程育人、实践育人和文化育人,形成德育课程、学科课程、传统文化课程和实践活动课程"四位一体"的德育育人功能,发挥学校、家庭和社会的综合德育功能,提高德育的针对性和实效性,促进每个学生健康成长。

重视培养学生乐于动手,勤于实践,勇于创新的意识、习惯和能力。通过多种途径,包括各类实践活动、社团活动和班团队活动等,促进学生形成积极的生活和学习态度、良好的学习策略和可持续发展的学习能力。

重视教育中的情感因素,充分发挥积极的情感对"优教促学"的作用,营造良好的情感氛围和育人环境,促进学生认知与情感的和谐发展。

3. 拓展基础内涵,加强课程整合。

重视课程内容的基础性和可发展性,从知识与技能、过程与方法、情感态度与价值观三个方面拓宽基础内涵。以发展学生核心素养为指针,精选学生终身发展必备的基础内容,适当增加拓展性和个性化内容,增加课程的适应性。构建体现基础性、整体性和多样性的课程结构。

重视各学习领域的合理配置,加强各学习领域及各科目间的联系,注重学科、活动、专题间的有机联系以及模块或主题间的有机联系,梳理和重组各学习内容的育人要素,精选和压缩单纯的知识传授,注重能力和智力培养,促进学生形成合理的认知结构。

加强课程与信息技术的有机整合,将信息技术作为资料的来源、交流的平台、认知的工具和管理的手段,应用于课程的设计、实施、评价和管理的全过程,全面提高课程的信息化水平和学生的信息素养。

4. 完善学习方式,拓展学习时空。

倡导自主探究、实践体验、合作交流的学习方式与接受性学习方式的有机结合,倡导合理灵活地利用各种课程资源和信息技术进行项目式学习、混合式学习、移动式学习,实现学习方式的多样化。重视深度学习,提升学习品质,满足学生多样化和差异化的发展需要。

加强网络教育资源的同步建设,重视课内和课外多种学习途径的结合,重视学校课程和更广泛的社会实践的有机结合,形成丰富多彩的学习环境,达到"人人皆学、处处能学、时时可学"的效果。

5. 加强课程意识,完善课程实施。

重视教师课程意识的培养,鼓励教师积极参与课程建设,积极参与并改进"分层走班"等课程实施方案,积极参与并改进课程评价方式,形成校长、教师和学生积极创新与实践的课程运行机制,提高学校的课程研究、设计、实施和评价能力。

教学活动是师生积极参与、交往互动、共同发展的过程。有效的教学活动是学生学与教师教的统一,学生是学习的主体,教师是学习的组织者、引导者与合作者。鼓励教师通过创造性地使用和改进"问题导学"教学模式改善教学活动。

二、课程目标

（一）总目标

青岛西海岸新区实验初级中学的课程总目标是：培养学生初步形成正确的人生观、价值观和世界观，具有民族精神和国际视野、民主与法治意识和社会责任感；具有适应终生学习的基础知识、基本技能和学习策略；具有初步的创新精神、实践能力和可持续发展能力；具有基本的人文素养和科学素养；具有健康的个性和良好的身心素质，养成健康的审美情趣和生活方式，成为有道德、爱生活、会学习、敢担当的现代中国人。

（二）具体目标

通过我校课程体系，着重帮助初中生发展能够适应终身发展和社会发展需要的必备品格和关键能力。学生能达到以下目标：

了解基本的国情国策。热爱祖国，热爱中华民族的优秀文化和优良传统，具有家国情怀和国际视野。

了解公民基本的权利与义务，认同和践行社会主义核心价值观，诚信守法，文明礼貌，关心他人，仁爱尽责。自觉参加公益活动，具有良好的劳动态度和劳动习惯。

掌握语言、数学、人文社会和科学等方面的基础知识。具有基本的阅读、表达和运算能力，具有基本的分类、推理、归纳、演绎和价值判断的能力，具有实验动手能力和基本的科学探究能力，具有反思意识和创新意识，具有团队观念和基本的合作交流能力，具有环境保护意识，具有健康的审美情趣。

珍惜生命，了解自我，热爱生活，具有健康的身心、积极的生活态度和基本的自我保护能力。

第三节　课程架构

一、课程名称

全称："Excellent 润德养正启智臻美"学校执行课程体系。

简称：Excellent 完美课程。

二、执行课程体系

学校执行课程体系如图 4.3.1 所示。

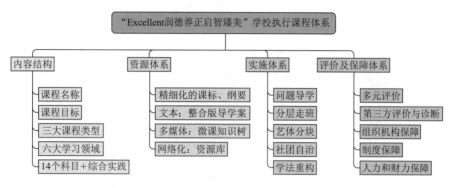

图 4.3.1

三、课程结构

该课程体系由基础型课程、拓展探究型课程和个性化课程组成，其结构如图 4.3.2 所示。

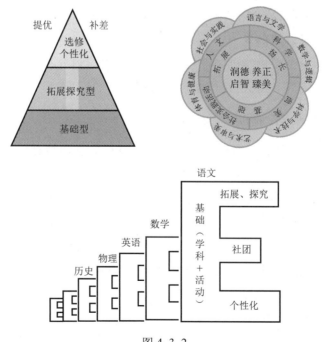

图 4.3.2

（一）课程类型

包括基础型课程、拓展探究型课程和个性化课程三类。

基础型课程强调促进学生基本素质的形成和发展，体现国家对公民素质的最基本要求。基础型课程由各学习领域体现共同基础要求的学科课程组成，是全体学生必修的课程。

我校基础型课程的内容涵盖了国家课程标准规定的义务教育第三学段的所有必修课程和山东省、青岛市义务教育初中段的所有地方必修课程。

拓展探究型课程分拓展型课程和探究型课程。

拓展型课程以培育学生的自主意识，完善学生的认知结构，提高学生自我认知、自我规划和自主选择能力为宗旨，着眼于培养、激发和发展学生的兴趣爱好，开发学生的潜能，促进学生个性的发展和学校办学特色的形成，是一种体现不同基础要求的、具有一定开放性的课程。主要由综合实践学习领域的学校文化活动与班团队活动、自我服务与公益劳动、社区服务、研学旅行与社会实践等各类综合实践活动，以及国家规定的各类专题教育组成，是全体学生限定选择修习的课程。

探究型课程是学生运用研究性学习方式，发现和提出问题、探索和解决问题，培养学生的创新精神、研究与实践能力、合作与发展意识的课程，是全体学生限定选择修习的课程。

个性化课程主要由基础型课程延伸的学科课程内容和满足学生个性发展需要的其他学习活动组成，是学生自主选择修习的课程。

（二）学习领域、科目

学习领域：以内容间的相互联系和学习过程的共同特征为依据设置学习领域，以便于从课程设计和课程实施两方面，为实现课程的均衡性、综合性、多样性创造条件。我校课程设置语言与文学、数学与逻辑、科学与技术、艺术与审美、体育与健康、社会与实践六个学习领域，见表 4.3.1。

科目：包括涉及各学习领域的 14 个学科以及兴趣活动、社团活动、课题（项目）研究活动、综合实践活动和各类专题教育。14 个学科具体为：语文、数学、外语（英语等）、道德与法治、历史、地理、物理、化学、生物、信息技术、体育、心理健康、音乐、美术。

表 4.3.1 学习领域与科目

学习领域	科 目
语言与文学	语文,英语
数学与逻辑	数学
科学与技术	物理,化学,生物,信息技术
艺术与审美	音乐,美术
体育与健康	体育,心理健康
社会与实践	道德与法治,历史,地理,综合实践活动

（三）课程类型和学习科目的关联与融合

该课程体系中,六大学习领域的所有科目都依据学科特点设置基础型课程、拓展探究型课程和个性化课程内容。

该课程体系中,原有校本课程的大部分精华内容依据学科属性和育人价值,整合进学科课程,并作为拓展型、探究型和个性化课程内容的组成部分。但具有较高育人价值,具有明显跨学科特性,能体现学校特色的课程内容仍可设置为校本课程。

社团课程旨在丰富学习经历、增长见识、发现和培养兴趣,不强调学科属性,也不纳入学科科目管理。

四、课程结构的基本特点

Excellent 完美课程的课程结构强调基础性、整体性和适应性。

（一）基础性

重视知识与技能、过程与方法、情感态度与价值观等方面的基础。各类课程以及各学习领域、科目、模块或主题尤其要注重培养学生基本的能力和方法,注重积极的情感和态度的养成。

精简共同基础要求,增加可选择的不同基础要求,设置体现共同基础要求的基础型课程和体现不同基础要求的拓展探究型课程。

（二）整体性

整合国家课程、地方课程和已有校本课程的育人元素,进行整体化设计。

初中段各年级课程进行整体化设计,并考虑起始年级与小学段的衔接、毕业年级与高中段的衔接,保证体系的连贯完整。

重视跨学科整合，整体协调学科课程中学科性与活动性、学术性与实用性的关系，加强各学习领域、学科课程、模块或主题之间的协调和衔接。

（三）适应性

以课程类型、课程水平和课程修习期限等的多样化，适应学生发展的差异化需求。

第四节　课程设置

我校根据地区实际，设置初中段七、八、九年级的课程。

课程设置及相应课时安排见表4.4.1。

表 4.4.1　课程设置及相应课时分配

领域	学科	七年级			八年级			九年级		
		省	市	校	省	市	校	省	市	校
语言与文学	语文	5	5	6	4	4	5	5	5	6
	英语	4	4	4	4	4	4	4	4	5
数学与逻辑	数学	5	4	5	4	4	5	5	5	5
科学与技术	物理	/	/	/	2	2	2	3	3	3
	化学	/	/	/	2	/	/	2	3	3
	生物	3	3	3	2	3	3	/	/	/
	信息技术	/	/	1	/	/	1	/	/	/
艺术与审美	音乐	1	1	1	1	1	1	1	1	1
	美术	1	1	1	1	1	1	1	1	1
体育与健康	体育	3	3	3	3	3	3	3	3	3
	心理健康	/	/	1	/	/	/	/	/	/
社会与实践	道德与法治	2	2	2	2	2	2	2	2	2
	地理	3	2	2	2	2	2	/	/	/
	历史	2	2	2	2	2	2	2	2	2
	综合实践活动	3	3	3	3	3	3	3	3	3
地方与校本课程		2	4	/	2	3	/	3	2	/
周总课时数		34	34	34	34	34	34	34	34	34
上课周数		35	35	35	35	35	35	33	33	33

第五章

学科课程标准的校本化改编

国家课程标准规定了整个课程运作活动与过程的规则,是国家意志,是教材编写与审查、课程实施与管理、考试命题与课程评价的依据。毫无疑问,学校课程体系建设,要以国家课程标准为准绳,同时在实践层面也需要有校本化的解读与创新性的实施。

青岛西海岸新区实验初级中学分学科对义务教育国家课程标准进行精细化研读,并依据学校育人目标和学校实际进行校本化分解与改编。

第一节　学科课程标准及改编要求

一、国家课程标准改编的缘由

义务教育国家课程标准是国家课程的基本纲领性文件,是国家对基础教育课程的基本规范和质量要求,是教材编写、教学、评估和考试命题的依据,是国家管理和评价课程的基础。国家课程标准体现国家对不同阶段的学生在知识与技能、过程与方法、情感态度与价值观等方面的基本要求,规定各门课程的性质、目标、内容框架,提出教学和评价建议。

但是,一方面,国家课程标准中的内容标准是分学段编制的,比如课程标准中的7～9年级段大致对应初中阶段的标准,应认为是整个初中段学业结束时应达到的质量要求,那么就某一个知识点来说,在起始年级的初次教学中是否就应达到这一要求?另一方面,是否允许学校根据学校的实际情况,在不降低国家标准的前提下,在有些领域的学习中有一定的个性化要求?

经过研讨论证,请教专家,我校决定:依据学校育人目标和学校实际,分学科对义务教育国家课程标准进行精心研读，并通过精细化改编充分理解国家课程标准的具体要求。

二、精细化改编的要求

抽取出分年级的目标要求、内容要求和评价要求；对照我校育人目标，析出学科育人要素；体现社会主义核心价值观和山东省中小学德育课程一体化建设要求；体现教育技术与学科的深度融合；内容要求体现基础、拓展探究、个性化等不同层次；细化教学及评价建议，并体现出分层走班、差异化需求等实施要素。

2017～2018 年，我们集中各学科教研组长及部分骨干教师，对国家学科课程标准进行精细化研读和改编。本章将分别以语文、英语、地理和生物学科为例节选改编后的课程标准，以展现学校在学科课程标准研读和改编方面的情况。

第二节　语文学科课程标准的校本化改编

《青岛西海岸新区实验初级中学语文课程标准》（节选）

第一部分　前言

一、缘起

首先，从语文学科本身来说。语言文字是人类最重要的交际工具和信息载体，是人类文化的重要组成部分。在现代科学和信息技术迅猛发展的背景下，传承发展中华民族优秀传统文化以及增强民族文化认同感，显得更为迫切。同时，现代社会要求公民具备良好的人文素养和科学素养，具备创新精神、合作意识和开放的视野，具备包括阅读、理解和表达交流在内的多方面基本能力，以及运用现代技术搜集和处理信息的能力。初中阶段语文课程致力于提高学生的语言文字运用能力，增强学生的人文积淀，培养学生的人文情怀，提升学生的审美情趣，为学生形成正确的世界观、人生观、价值观，形成良好个性和健全人格打下基础。语文课程的多重功能和奠基作用，决定了它在学生成长中的重要地位。

其次，从国家课程建设来说。教育部研究项目的报告中指出，国家课程的校本化实施，不仅包括学校在国家课程计划预留的课程空间内的完全自主的课程开发,还应包括学校对国家课程因地制宜、因人制宜的创造性的改造和开发。

最后,从育人目标层面来说。2016年国家出台中学生发展核心素养中明确指出应培养全面发展的人,结合我校"培养有道德、爱生活、会学习、敢担当的现代中国人"的育人目标,为了更好地将国家课程和地方课程有机融合,来满足学生的个性化发展需求,构建适应学生差异化发展的语文课程体系,特制订此课程标准。此课程标准设计的内容涵盖了国家课程标准中规定的所有必修内容。

二、课程性质

初中语文课程是衔接小学语文与高中语文的重要桥梁,是一门学习语言文字运用的综合性、实践性课程。语文课程应致力于学生语文素养的形成和发展。语文素养既是学生学好其他课程的基础,也是学生全面发展和终身发展的基础。

三、课程基本理念

(一)全面提高学生的语文素养

初中阶段的语文课程,必须面向全体学生,使学生获得基本的语文素养。

语文课程应激发和培育学生热爱祖国的思想感情,引导学生丰富语言积累,培养语感,发展思维,掌握学习语文的基本方法,养成良好的学习习惯,具有适应实际生活需要的识字写字能力、阅读能力、写作能力、口语交际能力,正确运用祖国的语言文字。语文课程还应通过优秀文化的熏陶感染,促进学生和谐发展,使他们提高思想道德修养和审美情趣,逐步形成良好的个性和健全的人格,夯实文化基础,增强人文底蕴,促进学生自主发展。

(二)正确把握语文教育的特点

语文课程丰富的人文内涵对学生精神世界的影响是广泛而深刻的,学生对语文材料的感受和理解又往往是多元的。因此,应该重视语文课程对学生思想情感所起的熏陶感染作用,注意课程内容的价值取向,要继承和发扬中华优秀文化传统和革命传统,体现社会主义核心价值体系的引领作用,弘扬以爱国主义为核心的民族精神和以改革创新为核心的时代精神,树立社会主义荣辱观,培养良好的思想道德风尚,同时也要尊重学生在语文学习过程中的独特体验。

语文课程还应着重培养学生的语文实践能力,而培养这种能力的主要途径也应是语文实践。语文课程是学生学习运用祖国语言文字的课程,学习资源和实践机会无处不在,无时不有。因而,应该让学生多读多写,日积月累,在大量的语文实践中体会、把握运用语文的规律。

语文课程应特别关注汉语言文字的特点对学生识字写字、阅读、写作、口语交际和思维发展等方面的影响,在教学中尤其要重视培养良好的语感和整体把握的能力。

(三)积极倡导自主、合作、探究的学习方式

学生是学习和发展的主体。语文课程必须根据学生身心发展和语文学习的特点,爱护学生的好奇心、求知欲,鼓励自主阅读、自由表达,充分激发他们的问题意识和进取精神,关注个体差异和不同的学习需求,积极倡导自主、合作、探究的学习方式。教学内容的确定,教学方法的选择,评价方式的设计,都应有助于这种学习方式的形成。

语文学习应注重听说读写的相互联系,注重语文与生活的结合,注重知识与能力、过程与方法、情感态度与价值观的整体发展。综合性学习既符合语文教育的传统,又具有现代社会的学习特征,有利于学生在感兴趣的自主活动中全面提高语文素养,有利于培养学生主动探究、团结合作、勇于创新的精神,应该积极提倡。

我校一直致力于问题导学教学模式和小组合作探究学习方式的探索研究,致力于构建自主合作探究的学习模式,与语文课程的基本理念相契合。

(四)努力建设开放且富有活力的语文课程

语文课程的建设应继承我国语文教育的优良传统,注重读书、积累和感悟,注重整体把握和熏陶感染;同时应密切关注现代社会发展的需要,增强社会责任感。拓宽语文学习和运用的领域,增强国家认同感和国际理解力。注重跨学科的学习和现代科技手段的运用,使学生在不同内容和方法的相互交叉、渗透和整合中开阔视野,提高学习效率,初步获得现代社会所需要的语文素养。

语文课程应该是开放且富有创新活力的。要尽可能满足我校不同层次、不同个性学生的需求,满足不同学生的差异化发展需求。确立适应信息化时

代需要的课程目标,开发与之相适应的课程资源,形成相对稳定而又灵活的实施机制,不断地自我调节、更新发展。

四、课程设计思路

1. 初中阶段语文课程,应坚持以人为本,尤其是近几年国家层面倡导中小学教育中应更多地继承和发扬我国优秀传统文化资源和优良的革命精神,继承我国语文教育的优良传统,汲取当代语文教育科学理论的精髓,遵循语文教育的规律,努力提高学生的语文素养,为弘扬民族精神、增强民族创造力和凝聚力、培养德智体美劳全面发展的社会主义建设者和接班人,发挥积极的作用,为学生的终身发展奠定基础。

2. 语文课程应注重引导学生多读书、多积累,重视语言文字运用的实践,在实践中领悟文化内涵和语文应用规律。

3. 课程目标初中三年整体设计。课程标准在"总目标"之下,按七年级、八年级、九年级三个阶段,分别提出"学段目标与内容",体现语文课程的整体性和阶段性。各个年级相互联系,螺旋上升,最终全面达成总目标。

4. 年级目标与内容从"识字与写字""阅读""写作""口语交际""综合性学习"五个方面提出要求。加强语文课程内部诸多方面的联系,加强与其他课程以及与生活的联系,促进学生语文素养全面协调地发展。

5. 课程标准的"实施建议"部分,对教学、评价、教材编写等提出了实施的原则、方法和策略,也为具体实施留有创造的空间。

6. 语文课程应注重国家课程和地方课程的融合,还应注重设计开发适合完美教育理念、适合学生个性发展的拓展性课程和个性化课程,创造出丰富多彩、特色鲜明的语文课堂。

7. 语文课程应结合我校问题导学教学模式,以主问题引导学生进行自主学习,以多样化的拓展活动和个性化学习课程为依托,深度学习,创造出与信息技术相融合的混合式学习方式。

第二部分　课程目标与内容

七年级课程目标与内容:

一、识字与写字

1. 能初步熟练地使用字典、词典独立识字,会用多种检字方法。累计认识常用汉字 1 300 个左右。

2. 在使用硬笔熟练地书写正楷字的基础上,初步学习规范、通行的行楷字,提高书写的速度。

3. 欣赏名家书法,体会书法的审美价值。

4. 写字姿势正确,有良好的书写习惯。

二、阅读

1. 能用普通话正确、流利、有感情地朗读。初步掌握朗读的基本技巧,读准字音,注意情感和节奏。

2. 养成默读习惯。阅读要有一定的速度,对一般的现代文,每分钟不少于 400 字。初步掌握略读和浏览的方法,完成周推荐美文阅读量不少于 5 000 字。每月不少于 2 万字,每学期不少于 10 万字。外加语文大阅读和寒暑假自主阅读经典名著每学年不少于 60 万字,七年级一学年的总阅读量不少于 80 万字。

3. 初步掌握记叙文的阅读方法与技巧。

(1)能理清课文的行文思路,学会有条理记叙;理解文章的主要内容,学习从详略得当、细节描写、典型选材等方面写人叙事;能用简洁的语言概括文章中心;能赏析重要词句在语言环境中的意义和作用。

(2)在阅读中能初步了解叙述、描写、说明、议论、抒情等表达方式。

(3)能够区分写实作品与虚构作品,了解诗歌、散文、小说等文学样式。

(4)欣赏文学作品,能形成自己独特的情感体验,从中获得对自然、社会、人生的有益启示。能对作品说出自己的看法和观点。

(5)能运用合作的方式,共同探讨、分析、解决疑难问题。

4. 学习写景类散文,初步掌握运用多种修辞、多感官描写、虚实结合、动静结合等写景的手法;揣摩并品味优美的语言;抓住景物特征,理解掌握托物言志的写作手法。

5. 文言文阅读。

(1)能正确流利地诵读浅显文言文,初步培养文言语感。

(2)能借助注释和工具书阅读浅易文言文,理解基本内容。

(3)随文掌握基本的文言实词和虚词,注重积累。

(4)把握简单的文言语法知识,如特殊句式、词类活用、通假字等,用来帮助理解课文中的语言难点。

（5）了解课文涉及的重要作家作品知识和文化常识。

6. 诗歌阅读。

（1）掌握基本的诗歌诵读技巧,能够准确默写教材要求背诵的古诗词名篇、名句。

（2）在反复诵读的基础上,能够凭借课文注释和工具书理解古诗词的基本内容。

（3）能够结合诗歌创作背景,基本理解诗歌内涵。

7. 随文学习并掌握词性、短语、修辞等语法知识,提高学生的语言运用能力。

8. 阅读推荐的名著书目:《朝花夕拾》《西游记》《骆驼祥子》《海底两万里》《红星照耀中国》《傅雷家书》《钢铁是怎样炼成的》《星新一科幻短篇小说选》。通过阅读经典,消除与经典的隔膜;学会精读与跳读;学会圈点与批注;提升阅读速度。

9. 学会制订阅读计划,广泛阅读各种类型的读物,能利用图书馆、网络搜集自己需要的信息和资料,帮助阅读。

三、写作

1. 学写简单的写人记事的记叙文,做到语句通顺,思路清晰,中心明确;做到多种细节描写相结合,多种表达方式相结合;详略得当,重点选材。

2. 学写简单的写景散文,学写游记散文,运用多种修辞、多感官描写、虚实结合、动静结合等手法,抓住事物的主要特征,写出真情实感。

3. 作文一学年不少于 14 次,其他练笔不少于 1.5 万字,45 分钟能完成不少于 600 字的习作。

四、口语交际

1. 注意对象和场合,学习文明得体地交流。

2. 耐心专注地倾听,能根据对方的话语、表情、手势等,理解对方的观点和意图。

3. 通过多种形式的朗读,让学生从读中得到感悟,培养语感,积累词汇,丰富语言,为学生的交际活动创设一定的交际情景。

4. 准确地表达自己的观点,做到清楚连贯。

5. 注意表情和语气,根据需要调整自己的表达内容,具备初步的应对能力。

五、综合性学习

1. 自主组织语文类活动,在举办传统文化节、读书节等活动过程中,感受传统文化的魅力,增强民族文化认同感。

2. 在校级组织的国内外研学旅行活动中,在追寻历史文化遗迹、领略自然风光、感受地域风情、体验现代科学魅力的过程中,增强爱国热情、民族自豪感,拓宽视野,加强团队合作意识。

3. 能根据现有的经典阅读材料,改编课本剧,以自编、自导、自演、自评的形式,培养合作和团队意识,提高审美情趣。

4. 安排综合性活动,包括书评、影评、读书交流会、诗歌大赛、个性化创作校园或班级新闻、创编组报及班报、规定主题的演讲比赛、推介青岛当地优秀非物质文化遗产内容,如"茂腔""胶东大饽饽""渔民文化""辛安剪纸",拓宽学生视野,感受传统民俗文化内涵,提高学生的语文综合素养。

第三节　英语学科课程标准的校本化改编

《青岛西海岸新区实验初级中学英语课程标准》(节选)

第三部分　课程内容标准

按照义务教育阶段英语课程的总目标要求,依据我校"国家、地方、校本课程一体化"的战略思想,对语言技能、语言知识、情感态度、学习策略和文化意识等五个方面三个级别的课程内容标准分别从基础、拓展和个性化发展三个层面进行描述。

一、语言技能

语言技能是语言运用能力的重要组成部分,主要包括听、说、读、写等方面的技能以及这些技能的综合运用。听和读是理解的技能,说和写是表达的技能。它们在语言学习和交际中相辅相成、相互促进。学生应通过大量的专项和综合性语言实践活动,形成综合性语言运用能力,为真实语言交际打基础。因此,听、说、读、写既是学习的内容,又是学习的手段。语言技能标准以学生在某个级别"能做什么"为主要内容,这不仅有利于调动学生的学习积极性,促进学生语言运用能力的提高,还有利于科学、合理地评价学生的学习结果。英语学科语言技能的分级标准见表 5.3.1。

表 5.3.1　英语学科语言技能分级标准

级别	技能	基础标准描述	拓展标准描述	个性化发展标准描述
三级	听	1. 能识别不同句式的语调,如陈述句、疑问句和指令等。 2. 能根据语调变化,体会句子意义的变化。 3. 能识别语段中句子之间的联系。 4. 能听懂学习活动中连续的指令和问题,并做出适当的反应。 5. 能听懂课本上的听力文本,并完成相应的听力任务	1. 能听懂有关熟悉话题的语段。 2. 能借助提示听懂教师讲述的故事。 3. 能感知歌谣中的韵律	能听懂部分英语电影动画片
	说	1. 能在课堂活动中用简短的英语进行交际。 2. 能就熟悉的话题进行简单的交流。 3. 能在教师的指导下进行简单的角色表演。 4. 能利用所给提示(如图片、幻灯片、实物、文字等)简单描述一件事情。 5. 能在上述口语活动中做到语音、语调基本正确	1. 能提供有关个人情况和个人经历的信息。 2. 能讲述简单的小故事。 3. 能背诵一定数量的英语小诗或歌谣,能唱一些英语歌曲	1. 能够根据所给话题进行英语演讲。 2. 能够针对观看的英语动画片进行趣配音
	读	1. 能正确地朗读课文。 2. 能理解并执行有关学习活动的简短书面指令。 3. 能读懂简单的故事和短文并抓住大意。 4. 能初步使用简单的工具书。 5. 课外阅读量应累计达到 4 万词	课外阅读量应累计达到 5 万词左右	课外阅读量应累计达到 6 万词左右
	写	1. 能规范地书写英语字母、单词、句子、语篇。 2. 能正确使用常用的标点符号。 3. 能参照范例写出或回复简单的问候和邀请。 4. 能用短语或句子描述系列图片,编写简单的故事	1. 能使用简单的图表和海报等形式传达信息。 2. 能写简单的英语日记。 3. 能就所观看的英语动画电影写简单的影评	能对阅读的小故事写简单的读后感,或续写、改编小故事

续表

级别	技能	基础标准描述	拓展标准描述	个性化发展标准描述
四级	听	1. 能听懂接近自然语速、熟悉话题的简单语段,识别主题,获取主要信息。 2. 能听懂简单故事的情节发展,理解其中主要人物和事件。 3. 能听懂连续的指令并据此完成任务。 4. 能听懂课本上的听力文本,并完成相应的听力任务	1. 能听懂广播、电视等媒体中的初级英语教学节目。 2. 能感知歌谣中的韵律,听懂部分英文歌曲	1. 听英文歌曲的同时能完成难度适中的填歌词任务。 2. 能基本看懂适合初中生观看的英文影视作品
	说	1. 能根据提示给出连贯的简单指令。 2. 能引出话题并进行几个话轮的交谈。 3. 能在教师的帮助下或根据图片用简单的语言描述自己或他人的经历。 4. 能在上述口语活动中使用正确的语音、语调	1. 能在教师的指导下参与角色表演等活动。 2. 能编演难度适中的英语课本剧。 3. 能演唱部分英文歌曲	1. 能编演难度适中的英语小话剧。 2. 能根据所给话题进行英语演讲
	读	1. 能连贯、流畅地朗读课文。 2. 能理解简易读物中的事件发生顺序和人物行为。 3. 能从简单的文章中找出有关信息,理解大意。 4. 能根据上下文猜测生词的意思。 5. 能理解并解释图表提供的信息。 6. 能读懂简单的个人信件、说明文等应用文体材料。 7. 能使用英汉词典等工具书帮助阅读理解。 8. 课外阅读量应累计达到10万词左右	课外阅读量应累计达到11万词左右	课外阅读量应累计达到12万词左右

续表

级别	技能	基础标准描述	拓展标准描述	个性化发展标准描述
四级	写	1. 能正确使用标点符号,规范书写英语文章。 2. 能使用简单的图表和海报等形式传达信息。 3. 能用词组或简单句为自己创作的图片写出说明。 4. 能写出简短的文段,如简单的指令、规则。 5. 能在教师的帮助下或以小组讨论的方式起草和修改作文	1. 能独立起草和修改作文。 2. 能用英语写日记。 3. 能对阅读的文章写简单的读后感,能续写故事	1. 能就所观看的英语影视写简单的影评。 2. 能改编剧本
五级	听	1. 能根据语调和重音理解说话者的意图。 2. 能听懂有关熟悉话题的谈话,并能从中提取信息和观点。 3. 能借助语境克服生词障碍、理解大意。 4. 能听懂接近自然语速的故事和叙述,理解故事的因果关系。 5. 能在听的过程中用适当方式做出反应。 6. 能针对所听语段的内容记录简单信息	1. 能听懂广播、电视等媒体中的初级英语教学节目。 2. 能听懂部分英文歌曲。 3. 能在听英文歌曲的同时完成难度适中的填写歌词的任务	能看懂适合中学生观看的英文影视作品
	说	1. 能就简单的话题提供信息,表达简单的观点和意见,参与讨论。 2. 能与他人沟通信息,合作完成任务。 3. 能在口头表达中进行适当的自我修正。 4. 能有效地询问信息和请求帮助。 5. 能根据话题进行情景对话。 6. 能用英语表演短剧。 7. 能在以上口语活动中做到语音、语调自然,语气恰当	1. 能就所给话题进行英语演讲。 2. 能演唱部分英文歌曲。 3. 能够编演难度适中的英语小话剧	1. 能够针对观看的英语电影进行趣配音。 2. 能参与所学主题的辩论活动

续表

级别	技能	基础标准描述	拓展标准描述	个性化发展标准描述
五级	读	1. 能根据上下文和构词法推断、理解生词的含义。 2. 能理解段落中各句子之间的逻辑关系。 3. 能找出文章中的主题,理解故事的情节,预测故事情节的发展和可能的结局。 4. 能读懂相应水平的常见体裁的读物。 5. 能根据不同的阅读目的运用简单的阅读策略获取信息。 6. 能利用词典等工具书进行阅读。 7. 课外阅读量应累计达到 15 万词左右	课外阅读量应累计达到 16 万词左右	课外阅读量应累计达到 18 万词左右
	写	1. 能根据写作要求,收集资料,准备素材。 2. 能独立起草短文、短信等,并在教师的指导下进行修改。 3. 能使用常见的连接词表示顺序和逻辑关系。 4. 能简单描述人物或事件。 5. 能根据图示或表格写出简单的段落或操作说明	1. 能独立起草和修改作文。 2. 能用英语写日记。 3. 能对阅读的文章写简单的读后感,能续写故事	1. 能就所观看的英语电影写简单的影评。 2. 能改编剧本

二、语言知识

学生在义务教育阶段应该学习和掌握的英语语言基础知识包括语音、词汇、语法以及用于表达常见话题和功能的语言形式等。语言知识是语言运用能力的重要组成部分,是发展语言技能的重要基础。表 5.3.2 是英语学科三至五级语言知识的分级标准。

表 5.3.2 英语学科三至五级语言知识分级标准

知识	基础标准描述	拓展标准描述	个性化发展标准描述
语音	1. 了解语音在语言学习中的意义。 2. 在日常生活会话中做到语音、语调基本正确、自然、流畅。 3. 根据重音和语调的变化，理解和表达不同的意图和态度。 4. 根据读音规则和音标拼读单词。 5. 掌握"课程标准"语音项目表中的知识	1. 熟练掌握国际音标，具备通过查字典自学英语的能力。 2. 了解汉语拼音与英文字母的内在联系，借助母语理解英语发音技巧，习得英语语音拼读习惯	看词能读，听音会写
词汇	1. 了解英语词汇包括单词、短语、习惯用语和固定搭配等形式。 2. 理解和领悟词语的基本含义及其在特定语境中的意义。 3. 学会使用 1 500～1 600 个单词和 200～300 个习惯用语或固定搭配	运用词汇描述事物、行为和特征，说明概念等	能用所给词汇遣词造句，编写语篇
语法	1. 理解附录"语法项目表"中所列语法项目并能在特定语境中使用。 2. 了解常用语言形式的基本结构和常用表意功能。 3. 在实际运用中体会和领悟语言形式的表意功能	理解并运用恰当的语言形式描述人和物；描述具体事件和具体行为的发生、发展过程；描述时间、地点及方位；比较人、物体及事物等	深入学习定语从句，初步理解并恰当运用名词性从句描述人、物、事件
功能	在交往中恰当理解和运用本级别附录"功能项目表"中所列功能意念的语言表达形式	在交往中正确运用本级别附录"功能项目表"中所列功能意念的语言表达形式	在交往中熟练运用本级别附录"功能项目表"中所列功能意念的语言表达形式
话题	围绕本级别附录"话题项目表"中所列话题恰当理解与运用相关的语言表达形式	围绕本级别附录"话题项目表"中所列话题正确运用相关的语言表达形式	围绕本级别附录"话题项目表"中所列话题熟练运用相关的语言表达形式

三、情感态度

情感态度指兴趣、动机、自信、意志和合作精神等影响学生学习过程和学习效果的相关因素以及在学习过程中逐渐形成的祖国意识和国际视野。保持积极的学习态度是英语学习成功的关键。教师应在教学中不断激发并强化学生的学习兴趣，并引导他们逐渐将兴趣转化为稳定的学习动机，使他们树立自信心，锻炼克服困难的意志，认识自己学习的优势与不足，乐于与他人合作，养成和谐及健康向上的品格。通过英语课程，学生能增强爱国意识，拓宽国际视野。表 5.3.3 是英语学科三至五级情感态度三个维度的分级标准。

表 5.3.3　英语学科三至五级情感态度三个维度的分级标准

基础标准描述	拓展标准描述	个性化发展标准描述
1. 有明确的学习目的，能认识到学习英语的目的在于交流。 2. 有学习英语的愿望和兴趣，乐于参与各种英语实践活动。 3. 有学好英语的信心，敢于用英语进行表达。 4. 能在小组活动中积极与他人合作，相互帮助，共同完成学习任务	1. 能借助英语歌曲、英文报刊等媒介体会英语学习中的乐趣，乐于接触英语歌曲、英语读物等。 2. 能在英语交流中注意并理解他人的情感。 3. 遇到问题时能主动请教，勇于克服困难	1. 在生活中接触英语时，乐于探究其含义并尝试模仿。学以致用，知行合一。 2. 对祖国文化能有更深刻的了解，具有初步的国际理解意识。 3. 关心国家、民族发展

四、学习策略

学习策略指学生为了有效地学习和使用英语而采取的各种行动和步骤以及指导这些行动和步骤的信念。英语学习策略包括认知策略、调控策略、交际策略和资源策略等。认知策略是指学生为了完成具体学习任务而采取的步骤和方法；调控策略是指学生对学习加以计划、实施、反思、评价和调整的行动和步骤；交际策略是学生为了争取更多的交际机会、维持交际以及提高交际效果而采取的行动；资源策略是学生合理并有效利用多种媒体进行学习和运用英语的方式和方法。

学习策略是灵活多样的，策略的使用因人、因时、因地、因事而异。在英语教学中，教师要有意识地帮助学生形成适合自己的学习策略，并不断调整自己的教学策略。在英语课程实施中，帮助学生有效地使用学习策略，不仅有利于他们把握学习的方向,采用科学的途径,提高学习效率,还有助于他们形成自主学习的能力,为终身可持续性学习奠定基础。表 5.3.4 是英语学科三至五级学习策略三个维度的分级标准。

表 5.3.4　英语学科三至五级学习策略三个维度的分级标准

学习策略	基础标准描述	拓展标准描述	个性化发展标准描述
(一) 认知策略	1. 根据需要进行预习。 2. 在学习中集中注意力。 3. 在学习中善于记要点。 4. 在学习中善于利用图画等非语言信息理解主题。 5. 借助联想学习和记忆词语。 6. 对所学内容能主动复习并加以整理和归纳	1. 在学习中积极思考,主动探究,善于发现语言的规律并能运用规律举一反三。 2. 在使用英语时,能意识到错误并进行适当的纠正	1. 必要时,有效地借助母语知识理解英语。 2. 尝试阅读英语故事及其他英语课外读物
(二) 调控策略	1. 明确自己学习英语的目标。 2. 明确自己的学习需要。 3. 制订切合实际的英语学习计划。 4. 把握学习内容的重点和难点。 5. 注意了解和反思自己学习英语中的进步与不足	1. 积极探索适合自己的英语学习方法,按照语言学习规律探究新知。 2. 经常与老师和同学交流学习体会	积极参与课内外英语学习活动
(三) 交际策略	1. 在课内外学习活动中能够用英语与他人交流。 2. 善于抓住用英语交际的机会。 3. 在交际中,把注意力集中在意思的表达上。 4. 借助手势、表情等体态语进行交流	交际中遇到困难时,有效地寻求帮助	在交际中注意到中外交际习俗的差异
(四) 资源策略	1. 注意通过音像资料丰富自己的学习。 2. 使用简单的工具书查找信息	注意生活中和媒体上所使用的英语	能利用图书馆、社区资源、网络等拓宽学习渠道

五、文化意识

语言有丰富的文化内涵。在外语教学中,文化是指所学语言国家的历史地理、风土人情、传统习俗、生活方式、行为规范、文学艺术、价值观念等。在学习英语的过程中,接触和了解外国文化有益于对英语的理解和使用,有益于加深对中华民族优秀传统文化的认识与热爱,有益于接受属于全人类先进文化的熏陶,有益于培养国际意识。

在教学中,教师应根据学生的年龄特点和认知能力,逐步扩展文化知识的内容和范围。在起始阶段应使学生对中外文化的异同有粗略的了解,教学中涉及的外国文化知识应与学生的学习和生活密切相关,并能激发学生学习英语的兴趣。在英语学习的较高阶段,要通过扩大学生接触外国文化的范围,帮助学生拓宽视野,使他们提高对中外文化异同的敏感性和鉴别能力,进而提高跨文化交际能力。

表5.3.5是英语学科三至五级文化意识三个维度的分级标准。

表5.3.5　英语学科三至五级文化意识三个维度的分级标准

基础标准描述	拓展标准描述	个性化发展标准描述
1. 了解英语交际中常用的体态语,如手势、表情等。 2. 恰当使用英语中的称谓语、问候语和告别语。 3. 了解、区别英语中不同性别常用的名字和亲昵的称呼。 4. 了解英语国家的饮食习俗。 5. 对别人的赞扬、请求、致歉等做出恰当的反应。 6. 用恰当的方式表达赞扬、请求等意义。 7. 初步了解英语国家的地理位置、气候特点以及历史等	1. 了解英语国家的人际交往、风俗习惯以及日常礼仪。 2. 了解世界上主要的文娱和体育活动。 3. 了解世界上主要的节假日及庆祝方式。 4. 了解经典电影、世界名人、发明家和音乐家趣闻轶事;了解世界环境变化,关注全球发展	1. 关注中外文化异同,加深对中国文化的理解。 2. 能初步用英语介绍祖国的主要节日和典型的文化习俗。 3. 能以国际视野关注全球发展,关注人类文明发展态势

第四节　地理学科课程标准的校本化改编

《青岛西海岸新区实验初级中学地理课程标准》（节选）

第一部分　前言

2016年地理教育国际宪章的价值取向为学生、教师的发展和世界的发展。在此背景下,地理学科作为与国际接轨的综合性学科,应该考虑自然、社会和个体的相互联系,倡导以社会问题为方向,提高可持续发展的多学科能力,提高学生的学科素养,以实现个体的社会化的发展。2017年,国务院印发的《国家教育事业发展"十三五"规划》明确指出,国家推进基础教育课程改革与教学改革,加强对教材建设的顶层设计,体现学生发展核心素养的要求。此次课程标准的校本化改写不仅在原来必修内容的基础上增加了拓展探究和个性化选修内容,而且根据学情设置了差异化分层要求,这将有利于为国家乃至全球的环境保护和可持续发展培养活跃的、有责任感的公民。

一、课程性质

义务教育地理课程是一门兼有自然学科和社会学科性质的基础课程,具有以下几个特征:

1. 区域性。义务教育地理课程内容以区域地理为主,展现各区域的自然与人文特点,阐明不同区域的地理概况、发展差异及区际联系。

2. 综合性。地理环境是地球表层各种自然和人文要素相互联系、相互作用而成的复杂系统。义务教育阶段地理课程初步揭示自然环境要素之间、自然环境与人类活动之间的复杂关系,从不同角度反映地理环境的综合性。

3. 思想性。地理课程突出当今社会面临的人口、资源、环境和发展问题,阐明科学的人口观、资源观、环境观和可持续发展的观念,富含热爱家乡、热爱祖国、关注全球以及可持续发展思想的教育内容。

4. 生活性。地理课程内容紧密联系生活实际,突出反映学生生活中经常遇到的地理现象和可能遇到的地理问题,有助于提升学生的生活质量和生存能力。

5. 实践性。地理课程含有丰富的实践内容,包括图表绘制、学具制作、实验、演示、野外观察、社会调查和乡土地理考察等,是一门实践性很强的课程。

二、课程基本理念

1. 学习对生活有用的地理。地理课程选择与生活密切相关的地球与地图、世界地理、中国地理和乡土地理等基础知识，引导学生在生活中发现地理问题，理解其形成的地理背景，提升学生的生活品位，增强学生的生存能力。

2. 学习对终身发展有用的地理。地理课程引导学生从地理的视角思考问题，关注自然与社会，使学生逐步形成人地协调与可持续发展的观念，为培养具有地理素养的公民打下基础。

3. 构建开放的地理课程。围绕"教育要培养什么样的人"，着眼学生区域认知、综合思维、地理实践力和人地观念核心素养的培养，重视校内外课程资源的开发利用，着力拓宽学习空间，倡导注重多样的地理学习方式，鼓励学生自主学习、合作交流、积极探究。

三、课程设计思路

义务教育地理课程分为七大部分：地球与地图、世界地理、中国地理、海洋教育、拓展探究、个性化选修和乡土地理。其中，"地球与地图"是学习区域地理的基础。义务教育地理课程内容的基本结构如图5.4.1所示。

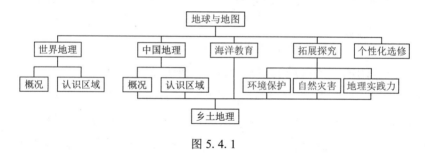

图 5.4.1

1. 义务教育地理课程原则上不涉及较深层次的地理成因问题。

2. 地理要素采用单独列出和与区域地理结合两种方式。例如，世界地理的自然部分只列出气候要素，其他自然地理要素归入"认识区域"的相关内容之中。

3. 世界地理和中国地理"认识区域"部分，除本标准规定的少量区域外，其他区域均由教材编写者和教师选择。本标准只列出区域的基本地理要素和学习区域地理必须掌握的基础知识与基本技能，以及必选区域的数量。

4. 乡土地理和地方课程既可作为独立学习的内容，也可作为综合性学习的载体。学生可以通过收集身边的资料,运用掌握的地理知识和技能,进行以环境与发展问题为中心的探究性实践活动。

5. 课程设计考虑实践性课程与非实践性课程,必修课程与选修课程。个性化选修课程主要是项目式学习构建,包括两方面内容:确立项目,规划实施项目。拓展探究类课程包括海洋教育、环境保护、自然灾害三个模块,体现出与社会、科学、技术和环境融合,在实践活动中培养学生的科学素养。

第二部分　课程目标

义务教育阶段地理课程的总目标是:通过掌握基础的地理知识,获得基本的地理技能和方法,了解环境与发展问题,培养学生区域认知、综合思维、地理实践和人地观念的核心素养。

表5.4.1从区域认知、综合思维、地理实践、人地和谐四个方面来描述课程目标,这四个方面在实施过程中是一个有机的整体。

表 5.4.1

核心素养	课程目标
区域认知	1. 了解家乡、中国和世界的地理概貌,了解家乡与祖国、中国与世界的联系。掌握获取地理信息并利用文字、图像等形式表达地理信息的基本技能。 2. 掌握地球与地图的基础知识,能初步描述地形、气候等自然地理要素在地理环境形成中的作用及其对人类活动的影响。 3. 初步理解人口、经济和文化发展的区域差异。 4. 构建知识体系,学会从整体性角度对地理事物和现象进行分析,发现各要素之间相互作用、相互影响、相互制约的关系,并能熟练解释其发生、发展和演化的过程,从而全面分析不同区域的地理环境特点,辩证地看待现实生活中的地理问题
综合思维	1. 初步学会根据搜集到的地理信息,通过比较、分析、归纳等思维过程,形成地理概念,归纳地理特征,理解地理规律。运用已获得的地理基本概念和地理基本原理,对地理事物和现象进行分析,做出判断。 2. 具有创新意识和实践能力,善于发现地理问题,搜集相关信息,运用有关知识和方法,提出解决问题的设想。 3. 从地理要素的综合、地理时空的综合和地理区域的综合,掌握区域认知的基本方法,构建知识体系,多角度分析解决问题,理解自然环境的整体性和产业活动的发生

续表

核心素养	课程目标
地理实践	1. 掌握简单的地理观测、地理实验、地理调查等技能。 2. 积极开展课外、校外、野外各类观测、考察及乡土调查活动,增强对地理事物和现象的好奇心,提高学习地理的兴趣以及对地理环境的审美情趣。 3. 运用适当的方式、方法,表达、交流学习地理的体会、想法和成果
人地和谐	1. 关心家乡的环境与发展,关心我国的基本地理国情,增强热爱家乡、热爱祖国的情感。 2. 尊重世界不同国家的文化和传统,增强民族自尊心、自信心和自豪感,理解国际合作的意义,初步形成全球意识。 3. 初步形成尊重自然、与自然和谐相处、因地制宜的意识及可持续发展的观念,增强防范自然灾害、保护环境与资源和遵守相关法律法规的意识,养成关心和爱护地理环境的行为习惯。 4. 了解人类所面临的人口、资源、环境和发展等重大问题,初步认识环境与人类活动的相互关系。 5. 描述自然和人类的相互关系,以积极的态度走可持续发展之路

第三部分 内容标准

内容标准见表 5.4.2,其编排体例说明如下:

1. 内容标准由"模块划分""标准""拓展探究""个性化选修"四部分组成。

2. "模块划分""标准"是学生必须学习的内容。

3. "标准"这一部分内容是学生学习地理课程必须达到的基本要求,依据学情划分为 A、B 两个层次,每个层次的内容设计和要求有所差异,以行为目标方式陈述。

4. "拓展探究"是基于学生的核心素养、教材核心内容、国家课程标准的环境保护、自然灾害、地理实践和海洋教育内容。

5. "个性化选修"是基于学生的核心素养、教材核心内容、国家课程标准的项目式学习构建,包括项目准备、项目实施、成果整理和项目交流四个阶段,培养学生的问题意识、质疑精神,提升地理实践品质。

6. 表后说明是对表中某些问题的进一步解释。

表 5.4.2 内容标准（节选）

模块划分	标准	拓展探究	个性化选修
地球与地图	1. 地球的形状、大小与运动 • 了解人类认识地球形状的过程。 • 用平均半径、赤道周长和表面积描述地球的大小。 • 用简单的方法演示地球自转和公转。 • 用地理现象说明地球的自转和公转。 2. 地球仪 • 运用地球仪，说出经线与纬线、经度与纬度的划分。 • 在地球仪上确定某地点的经纬度。 3. 地图 • 在地图上辨别方向，判读经度和纬度，量算距离。 • 在等高线地形图上，识别山峰、山脊、山谷，判读坡的陡缓，估算海拔与相对高度。 • 在地形图上识别五种主要的地形类型。 • 根据需要选择常用地图，查找所需要的地理信息，养成在日常生活中使用地图的习惯。 • 列举电子地图、遥感图像等在生产、生活中应用的实例	1. 用乒乓球或其他材料制作简易地球仪模型等。 2. 观察一天内太阳光下物体影子方向和长度的变化。 3. 利用泡沫塑料、沙土等制作地形模型	生产、生活与自然地理环境
世界概况	1. 海陆分布 • 运用地图和数据，说出地球表面海、陆所占比例，描述海陆分布特点。 • 运用世界地图说出七大洲、四大洋的分布。 2. 海陆变迁 • 举例说明地球表面海洋和陆地处在不断的运动和变化之中。 • 知道板块构造学说的基本观点，说出世界著名山系及火山、地震分布与板块运动的关系	查阅资料了解航海家完成的壮举	

模块划分	标准	拓展探究	个性化选修
世界概况	3. 人口与人种 • 运用地图和其他资料归纳世界人口增长和分布的特点。 • 举例说明人口数量过多对环境及社会、经济的影响。 • 说出世界三大人种的特点,并在地图上指出三大人种的主要分布地区。 4. 语言和宗教 • 运用地图说出汉语、英语、法语、俄语、西班牙语、阿拉伯语的主要分布地区。 • 说出世界三大宗教及其主要分布地区。 5. 聚落 • 运用图片描述城市景观和乡村景观的差别。 • 举例说出聚落与自然环境的关系。 • 懂得保护世界文化遗产的意义	1. 围绕"人口多好,还是人口少好""住乡村好,还是住城市好"等话题,组织辩论。 2. 讨论"城市化对城市环境的影响"	自然环境对聚落形态的影响
	6. 天气 • 区分"天气"和"气候"的概念,并能正确运用。 • 识别常用的天气符号,能看懂简单的天气图。 • 用实例说明人类活动对空气质量的影响。 7. 气温与降水的分布 • 阅读世界年平均和1月、7月平均气温分布图,归纳世界气温分布特点。 • 阅读世界年降水量分布图,归纳世界降水分布特点。 • 运用气温、降水资料,绘制气温曲线和降水量柱状图,说出气温与降水随时间的变化特点	1. 参观当地的气象台站或大气环境监测站。 2. 使用测量仪器,观测气温、降水和风向等。 3. 收看(听)和记录天气预报内容,模拟预报天气	

模块划分	标准	拓展探究	个性化选修
世界概况	8. 主要气候类型 • 运用世界气候类型分布图说出主要气候类型的分布。 • 举例说明纬度位置、海陆分布、地形等因素对气候的影响。 • 举例说明气候对生产和生活的影响	1. 了解海陆间水循环,理解海洋对陆地气温和降水的影响。 2. 了解洋流对全球热量输送和交换有着重要的影响	人类活动与气候变化
	• 通过实例,认识不同地域之间的发展水平存在差异。 • 运用地图归纳发展中国家与发达国家的分布特点。 • 用实例说明加强国际经济合作的重要性	开展讨论活动。例如,收集两个不同发展水平地域的资料,进行比较并开展讨论	区域合作对经济发展的影响

注:个性化选修主要从项目研究的价值和目标、制定项目实施方法、成果整理、成果展示四个方面呈现。

第四部分 实施建议

一、教学建议

地理课程的实施,关键在于教师的教学。在地理教学中,地理教师需要领悟课程的基本理念,了解课程的设计思路,按照本标准中的课程目标和内容标准设计具体的分层标准。教学时尤其要注意突出地理学科特点,灵活运用多种教学方式方法,充分重视地理信息资源和信息技术的利用,培养学生核心素养。

(一)突出地理事物的空间差异和空间联系

地理教学要强调地理因素之间的相互作用,特别是自然因素和人文因素对地理现象和地理过程的综合影响,引导学生理解地理事物的空间差异和空间联系,从地理视角看待地理现象和地理问题。例如,在以一个国家为例学习区域地理时,需要引导学生从该国的地理位置、地形、气候、水文、植被、矿产等多方面认识自然地理要素对该国地理特征的综合影响。

（二）选择多种多样的地理教学方式方法

要根据教学目标、教学内容的特点、学生的年龄特征、学校条件以及教师自身特质选择合适的地理教学方式，注意运用多样化的教学方法，帮助学生学会学习。

应坚持启发式教学原则，提倡探究式学习，培养学生的探究意识，引导和鼓励学生独立思考、自主学习，体验解决地理问题的过程，逐步掌握分析和解决地理问题的方法。例如，用问题解决方式进行经纬网内容的教学：将学习内容转化为类似"设计出行路线""救援"的任务，提出完成任务过程中可能遇到的问题，通过理解、分析，解决这些问题。

（三）重视地理信息载体的运用

地理图像以及地理视频、计算机网络都承载了大量的地理信息，教师要充分利用这些地理信息载体，丰富地理课程内容，优化教学活动。

教师要重视地理图像的利用，通过阅读、使用地理图像和绘制简易地图，帮助学生掌握阅读观察地理图像的基本方法，逐步发展学生从地理图像中获取地理信息的能力以及利用图像说明地理问题的能力。例如，既可以引导学生对比不同地理景观图片来观察不同地区某一方面的地理特征，也可以指导学生用地理语言描述或解释地理图像反映的地理现象。

教师要积极利用地理信息资源和信息技术手段，优化和丰富地理教学活动，促进学生学习方式的转变。例如，利用计算机网络资源进行有关地域文化、区域旅游业发展等方面内容的教学，指导学生确定学习的主题，在网络上搜集相关的数据、文字、地图、图片、音乐、视频等资料，并进行取舍、整理、归纳，按照学生自己喜欢的方式制作成以多媒体为载体的作品，并在班级内展示、交流。

（四）关注培养创新意识和实践能力

地理教学要重视培养学生的创新意识，激发学生的学习兴趣，培养学生独立思考的习惯，鼓励学生大胆质疑并提出自己的观点、看法，为学生自主学习营造宽松的学习环境。

应积极开展地理实践活动，提高学生的地理实践能力。一方面，立足校园开展地理实践活动。例如，利用学生已学习过的地图知识，以"我帮学校做规划"为主题,开展地理实践活动,从而达到构建开放的地理课堂、拓宽学习空间、培养爱校和保护环境责任感的目的。另一方面,提倡开展野外考察和社会调查,鼓励学生走进大自然、进入社会,让学生亲身体验地理知识产生的过程。

二、评价建议

地理学习的评价应注重多途径搜集信息,准确反映学生地理学习的结果及过程,激励学生有效地学习,帮助教师改进教学。评价时,既要关注学生的学习结果,更要关注学生的学习过程,强化评价的诊断和发展功能。评价应以本标准中的"课程目标"和"内容标准"为依据,体现课程基本理念,全面评价学生在核心素养等方面的发展与变化。评价应注重评价目标全面性、评价手段多样化,实现形成性评价和终结性评价相结合、定性评价和定量评价相结合。

(一)根据地理"课程目标"和"内容标准"确定评价标准

1. 对核心素养中知识的评价要依据"内容标准"的行为动词来确定评价的层次要求。例如,对于要求描述的内容,评价标准应定位在评价学生的表述是否准确、规范、全面;对于要求掌握、理解、运用、评价的内容,重在评价学生对地理概念、原理、规律的理解质量以及能否将相关地理知识迁移到具体情境之中。

2. 对核心素养中地理能力的评价,要评价应用地理技能的合理程度,运用地理技能的熟练程度。例如,评价"运用地形图和地形剖面图,归纳某地区地势及地形特点"这一标准要求的地理技能,可以采取布置学生读地形图、完成读图分析题等方式加以评价。评价可围绕如下方面展开:

一是考查学生能否利用和激活如图 5.4.2 所示的认知结构,评价的重点在于判断学生头脑中有无这样的认知结构,如有,则要判断其是否完整和准确。

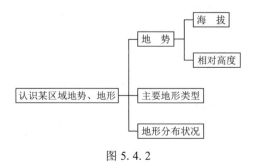

图 5.4.2

二是评估学生是否能有条理、有顺序并熟练地从地势、地形类型构成和地形分布状况等方面获取信息。

三是评估学生能否合理运用地形图和地形剖面图获取的信息得出相关结论。

3. 对核心素养中参与过程应重点评价学生：

（1）能否提出地理问题。

（2）能否通过阅读地图、图表等以及通过实地观测与调查等方式或用其他方式收集资料、获得资料。

（3）能否将地理信息资料恰当归类和将地理信息资料绘制成地理图表以及简单的地图。

（4）能否通过分析地理信息资料得出结论并进行检验。

（5）参与地理观察与观测、调查、实验、讨论等活动的质量。

在评价学生地理方法的掌握与运用的情况时，应注重对学生地理观察、区域分析与综合、地理比较、地理实验等常用地理方法的领悟、掌握状况和运用水平进行评价。例如，要检测学生"通过实例，认识不同地域发展水平存在差异"的达成度，教师可先提出探究活动要求，让学生根据地图选出几个代表性的区域并举出实例，说明不同地域发展水平的差异。具体让学生围绕以下几个问题开展探究：① 如何选择代表性区域；② 从哪些方面对所选区域进行比较；③ 从比较中得出什么结论。

以上探究活动可以评价学生"地理比较方法"运用是否合理。为此应当观察学生是否能有效利用地图，是否能有条理、有步骤、认真细致地观察地图；要判断学生所选择的比较地域和确定的比较项目是否合理，得出的结论是否正确。通过上述的观察与判断，可以对学生地理观察、比较、区域综合分析等方法的领悟和运用水平做出相应的评价。

4. 对核心素养中的态度和价值观应着重评价学生：

（1）是否具有浓厚的地理学习兴趣，是否对地理事物、地理现象具有好奇心。

（2）是否积极主动地与同伴配合参与探究活动，是否在探究过程中有发现问题的意识并能大胆质疑。

（3）是否善于提出自己的意见，乐于听取同伴的建议，修正、发展自己的观点。

（4）是否关注地理学与现实生活的密切联系和地理学的应用价值。

（5）是否形成初步的人地协调、因地制宜等地理观点。

（6）是否关心家乡的环境与发展，关心我国的基本地理国情。

（7）是否形成有关环境、资源的保护意识和法治意识以及关心和爱护地理环境的行为习惯。

（二）评价方法的选择与使用

评价方法的选择与使用要符合诊断学生的学习质量和促进学生发展的基本目的。核心素养的达成度要选用不同的评价方法予以考查和评价，因此要发挥不同评价方法的特点，规避其不足。

丰富而准确的评价信息是评价的基础。获取评价信息的方法主要有纸笔测验、档案袋、观察法等，相应的评价方法有纸笔测验评价方法、档案袋评价方法、观察评价方法等。

1. 纸笔测验评价方法。

纸笔测验是通过学生的书面回答，了解全班学生学习情况的一种评价方法。运用纸笔测验方法评价学生的地理学习状况，试题的质量至为关键，命制纸笔测验试题时应注意：

（1）注重地理基础知识和基本技能，主要考查学生对地理位置、地理概念、地理特征、地理空间分布、地域差异等方面的理解；考查学生能否在具体情境中合理应用地理知识。应淡化特殊的解题技巧，不出偏题或怪题。

（2）突出地理科学的综合性和地域性特点，关注对学生整体观念、空间观念、地理视角、地理学科能力等的形成状况进行评价与考查。

（3）有效地发挥各种类型题目的功能。例如，考查学生对于地理事物的记忆能力时，可以设计填图、填充、选择类试题；考查学生从具体情境中获取地理信息的能力时，可以设计读图、阅读分析类试题；考查学生解决问题的能力时，可以设计具有实际背景的试题；考查学生的探究、创造能力时，可以设计开放性试题。

2. 档案袋评价方法。

档案袋评价方法是有目的地收集有关学生学习情况的材料，表现学生在较长时间内在课程的一个或多个领域中所做出的努力、获得的进步和学业成绩的一种评价方法。这种方法对于评价学生进步、努力程度、自我反思能力及其最终发展水平方面具有重要意义。

地理学习档案袋可包括以下内容：学生绘制的地图、制作的模型、收集的地理图片和资料，地理探究活动的过程记录、疑难问题及其解答，学习方法和策略的总结，自我评价和他人评价的结果，等等。在建立档案袋的过程中，地理教师可以更多地将其作为"反映学生进步"和"展示学生作品"的工具。应十分注重在评价过程中学生的参与，学生与教师一样是最重要的评价主体。此外，家长、管理者等也可以参与档案袋的评价。

3. 观察评价方法。

观察法是评价者根据学生在地理学习中行为表现等的观察记录，对照事前准备的标准进行评价的方法。观察法适用于评价：

（1）学生参与地理学习活动的表现，如学生在口头表达、描绘地图、绘制地理图表、读图分析等一般地理活动中的表现。

（2）提出地理问题、搜集地理信息、讨论、实地观测观察、真实性情景的问题解决等地理探究活动中的表现。

（3）地理方法掌握与运用状况，如区域比较方法、区域综合分析方法等方法的掌握与运用。

（4）学生在情感态度与价值观方面的真实表现和发展状况。

（三）评价的实施

评价应注重过程性评价，把评价渗透到地理教学过程的各个环节之中，对学生的答问、演讲、演示、绘图、读图与分析、观察与观测、调查、制作等各种活动都进行评价，使评价过程变为教育过程。

由于学生学习的心理特征、学习形式和学习特点的差异以及各种评价方法存在的不足，因此评价应采取多种方法。

要重视多元评价，调动学生自评和互评的积极性，鼓励学生主动参与评价。

地理学习评价建议采用评语、等级和评分相结合的方式。

（四）评价结果的解释

评价结果的解释就是通过对利用评价工具所获得的信息和数据进行分析处理，给出评价结论。评价结果解释的重点应放在学生在学习过程中的变化上，在于"发现闪光点、激励自信心"。评价结果解释须对学生在学习过程中的变化做出多角度的较为全面的评价。要随时关注学生在学习活动中的表现与反应,给予必要的、及时的、适当的鼓励性、指导性评价。评语既要简练、中肯,又要有针对性、富于感情,有重点,不求全责备,能使学生准确了解自己的学习结果,知道以后的努力方向。

给学生做出评价结论的最终目的是为学生的成功学习创造良好的心理环境,使学生从评价中得到成功的体验,从而激发学生的学习动力,促进学生发展,提高教育质量。

第五节　生物学科课程标准的校本化改编

《青岛西海岸新区实验初级中学生物课程标准》(节选)

第一部分　缘起

生物科学从 20 世纪中叶以来发展得极为迅速,取得了许多重大突破。例如,DNA 分子双螺旋结构的发现、哺乳动物高度分化的体细胞克隆获得完整个体的成功、人类基因组计划的完成等,这些都标志着 20 世纪人类已进入生物科学和生物技术的新时代。生物科学研究成果更加迅速地转化为社会生产力,显现出巨大的社会效益和经济效益。同时,生物科学也向着更加关注人类自身的方向发展。生物科学和生物技术在解决人口问题、资源危机、生态环境恶化和生物多样性面临威胁等诸多问题方面发挥的作用越来越大,有力地促进了现代社会文明的发展。随着与物理学、化学、数学以及其他各学科之间不断交叉、渗透和融合,生物科学日益呈现出主导学科的地位。

为了适应时代的发展,符合我校完美教育的理念,本标准在继承我国生物科学教育优势的基础上,力求更注重学生的发展和社会的需求,更多地反映生物科学和生物技术的最新进展,更关注学生已有的生活经验,更强调学生的主动学习。本标准期望每一个学生通过学习,能够对生物学产生更浓厚的兴趣,对生物学知识有更深入的理解,对今后的职业选择和学习方向有更多的思考;能够在探究能力、学习能力和解决问题能力方面有更好的发展;能够在责任感、科学精神、创新意识和环境意识等方面得到提高。

围绕国家课程标准的要求,我们着力于"培养有道德、爱生活、会学习、敢担当的现代中国人",并不断寻求课程发展之路,经历了不同的课程发展阶

段,也暴露出了诸多的问题,如:

1. 现有生物课程对学生差异化发展的支持不够充分。缺少面对不同学生的针对性,划一的教学进度和教学难度,既不能兼顾一部分学生深度学习、超前学习的需求,也没能顾及一部分学力不足的学生的现实状况。

2. 与生物学科相关的校本课程存在数量繁多、开设随意等问题。因缺乏顶层的系统设计,校本课程的开设与已整合在生物课程中的地方课程——《环境教育》之间存在内容交叉重复和体系纠缠的问题。

3. 生物课程实施过程中存在着国家课程和校本课程"两张皮"现象。逐渐增加的隶属生物学科的校本课程和国家课程的并行式实施,使得课时短缺矛盾日益突出,课程管理的成本日益加大。

针对这些问题和矛盾,现进行三级课程的深度融合,借助先进的信息技术手段构建具有我校特色的、适应学生多元化学习的生物课程体系。期望融合后的生物课程能适应学生差异化发展,能全面落实生物核心素养,通过学习,满足不同学生的发展需求,达到润德、养正、启智、臻美的目的。

一、课程性质

生物科学是自然科学中的基础学科之一,是研究生命现象和生命活动规律的一门科学。它是农林、医药卫生、环境保护及其他有关应用科学的基础。生物科学经历了从现象到本质、从定性到定量的发展过程,并与工程技术相结合,对社会、经济和人类生活产生越来越大的影响。生物科学有着与其他自然科学相同的性质。它不仅是一个结论丰富的知识体系,还包括了人类认识自然现象和规律的一些特有的思维方式和探究过程。生物科学的发展需要许多人的共同努力和不断探索。这些是生物学课程性质的重要决定因素。

义务教育阶段的生物学课程是自然科学领域的学科课程,其精要是展示生物科学的基本内容,反映自然科学的本质。它既要让学生获得基础的生物学知识,又要让学生领悟生物学家在研究过程中所持有的观点以及解决问题的思路和方法。生物学课程期待学生主动地参与学习过程,在亲历提出问题、获取信息、寻找证据、检验假设、发现规律等过程中习得生物学知识,养成理性思维的习惯,形成积极的科学态度,发展终身学习的能力。学习生物学课程是每个未来公民不可或缺的教育经历,其学习成果是公民素养的基本组成。义务教育阶段的生物学课程是国家统一规定的、以提高学生生物科学素养为主要目的的学科课程,是科学教育的重要领域之一。

环境教育是以人类与环境的关系为核心,以解决环境问题和实现可持续发展为目的,以提高人们的环境意识和有效参与能力、普及环境保护知识与技能、培养环境保护人才为任务,以教育为手段而展开的一种社会实践活动过程。环境问题是由于人口增长、现代科技和现代生产力迅猛发展所产生的问题。因此,人类对生存环境恶化的担忧导致环境教育的应运而生,其原始的动机还是来自人类对自身生命的关爱和珍惜。简而言之,环境教育就是以人类与环境的关系为核心而进行的一种教育活动。

二、课程基本理念

1. 面向全体学生。

所有的初中学生都需要学习生物学,也可以学好生物学。因此,本课程的设计是面向全体学生、着眼于学生全面发展和终身发展的需要。课程目标和课程内容提出了全体学生通过努力都应达到的基本要求,同时也有较大的灵活性,可以适应不同学校的条件和不同学生的学习需求,实现因材施教,以促进每个学生的充分发展。

2. 提高生物科学素养。

生物科学素养是指一个人参加社会生活、经济活动、生产实践和个人决策所需的生物科学概念和科学探究能力,包括理解科学、技术与社会的相互关系,理解科学的本质以及形成科学的态度和价值观。生物学课程的目标、内容和评价都旨在提高每个学生的生物科学素养。

3. 倡导探究性学习。

生物科学不仅是众多事实和理论的汇总,还是一个不断探究的过程。科学探究既是科学家工作的基本方式,也是科学课程中重要的学习内容和有效的教学方式。本课程倡导探究性学习,力图改变学生的学习方式,帮助学生领悟科学的本质,引导学生主动参与、勤于动手、积极思考,逐步培养学生搜集和处理科学信息的能力、获取新知识的能力、分析和解决问题的能力以及交流与合作的能力等,突出创新精神和实践能力的培养。

三、课程设计思路

课程的设计是在全面贯彻国家教育方针的基础上,根据学生身心发展的特点和教育规律,重视对学生进行全面的科学素养教育,体现国家对学生在生物科学知识、能力、情感态度与价值观等方面的基本要求，着眼于培养学生终身学习的愿望和能力，体现义务教育阶段生物学课程的普及性、基础性和发展性。

新课程注重探究与实践，环境教育也需要探究与实践，方法上是相通的，新课程处处融合了环境教育的理念与内容，环境教育又为新课程的实施（特别是校本课程的开发）提供了大量的素材。环境教育的深入开展有助于新课程标准的落实，同时新课程标准的实施为创造性地开展环境教育提供了技术支持。《生物课程标准（实验稿）》明确提出了"具有关心、保护环境的意识和行为是重要的培养目标"。新课改后的生物教材更加注重环境保护，因而生物教学有必要与环境教育有机结合。在生物学科教学中渗透环境教育内容，教师运用该学科的相关内容及基本原理去帮助学生认识和解决环境问题，使学生在学习生物学知识时增强环境意识和环保技能。同时，在生物学科教学中渗透德育教育，通过对生命现象的学习，帮助学生更好地认识生命本质，学会敬畏生命，实现德育一体化。

综合考虑学生发展的需要、社会需求和生物科学发展三个方面，课程内容选取 10 个一级主题：科学探究，生物体的结构层次，生物与环境，生物圈中的绿色植物，生物圈中的人，动物的运动和行为，生物的生殖、发育与遗传，生物的多样性，生物技术，健康生活。

考虑到具有保护环境的意识和行为是义务教育阶段重要的培养目标，结合生物学本身的特点，课程内容突出了人与生物圈的关系。绿色植物对生物圈的存在和发展起着决定性作用，人类活动对生物圈的影响日益凸显，因此，将绿色植物和人各列为一个主题。动物和细菌、真菌等生物在生物圈中也具有重要作用，考虑到各门类动物形态结构和生理知识比较多，其中很多生理知识和人体生理知识有较多的相似性，因此，除了将"动物的运动和行为"单列为一个主题外，其他知识则分散在相关主题中。

考虑到生物技术发展迅猛，已经显现出巨大的社会效益和经济效益，并越来越深刻地影响着每个公民的生活和发展，因而安排了"生物技术"主题。

考虑到使每个学生学会健康生活是义务教育阶段培养目标之一，也是生物学课程的一项重要任务，因而单列"健康生活"主题。

课程规定的知识、能力、情感态度与价值观的目标，需要通过学生主动的、多样化的学习活动才能逐步达到，因此，课程内容还安排了多种形式的活动建议。

融合后的生物课程内容体系如图 5.5.1 所示。

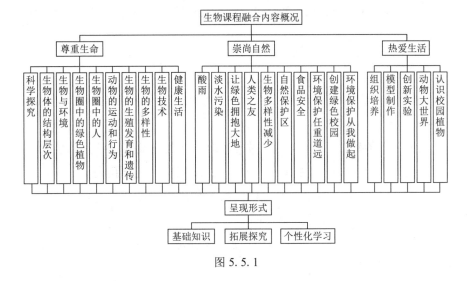

图 5.5.1

第二部分　课程目标

通过义务教育阶段生物学课程的学习,学生将在以下几方面得到发展:

1. 获得生物学基本事实、概念、原理和规律等方面的基础知识,了解并关注这些知识在生活、生产和社会发展中的应用。

2. 初步具有生物学实验操作的基本技能、一定的科学探究和实践能力,养成科学思维的习惯。

3. 理解人与自然和谐发展的意义,提高环境保护意识。

4. 初步形成生物学基本观点、创新意识和科学态度,并为确立辩证唯物主义世界观奠定必要的基础。

作为本课程的学习成果,各年级学生要分别实现相应的目标。

一、七年级

(一)知识

1. 获得有关生物与生物圈、生物体的结构层次、生物圈中的绿色植物、被子植物的一生、绿色植物的光合作用、呼吸作用和蒸腾作用等生物学基本事实、概念、原理和规律的基础知识。

2. 获得有关人体生殖、营养、呼吸、循环、泌尿、神经、运动与内分泌等系统的结构、功能以及卫生保健的知识，促进生理和心理的健康发展。

3. 知道生物科学和技术在生活、生产和社会发展中的应用及其可能产生的影响。

（二）能力

1. 正确使用显微镜等生物学实验中常用的仪器和用具，具备一定的实验操作能力。

2. 初步具有收集、鉴别和利用课内外的图文资料及其他信息的能力。

3. 初步学会生物科学探究的一般方法，发展学生提出问题、做出假设、制订计划、实施计划、得出结论、表达和交流的科学探究能力。在科学探究中发展合作能力、实践能力和创新能力。

4. 初步学会运用所学的生物学知识分析和解决某些生活、生产或社会实际问题，增强环保技能。

（三）情感态度与价值观

1. 热爱自然，珍爱生命，理解人与自然和谐发展的意义，提高环境保护意识。

2. 乐于探索生命的奥秘，具有实事求是的科学态度、探索精神和创新意识。

3. 关注与生物学相关的生活现象，将生物学主动迁移应用于实际生活。

4. 逐步养成良好的生活与卫生习惯，初步养成积极、健康的生活态度。

二、八年级

（一）知识

1. 概述不同类群动物、细菌、真菌、病毒的主要特征及其与人类生活的关系，获得有关生物多样性及生物分类的基础知识。

2. 获得有关生物生殖、遗传、变异、进化以及生物技术等生物学基本事实、概念、原理和规律的基础知识。

3. 说明传染病的病因、传播途径及其预防措施，描述人体的免疫功能，关注危害人类健康的主要疾病。

（二）能　力

1. 进一步具有收集、鉴别和利用课内外的图文资料及其他信息的能力。

2. 能根据科学探究的一般方法自主设计探究实验在科学探究中进一步发展合作能力、实践能力和创新能力。

3. 能够运用所学的生物学知识分析和解决某些生活、生产或社会实际问题，增强环保技能。

（三）情感态度与价值观

1. 了解我国的生物资源状况和生物科学技术发展状况，形成爱祖国、爱家乡的情感，增强振兴祖国和改变祖国面貌的使命感与责任感。

2. 热爱自然，珍爱生命，理解人与自然和谐发展的意义，提高环境保护意识。

3. 乐于探索生命的奥秘，具有实事求是的科学态度、探索精神和创新意识。

4. 关注与生物学相关的社会问题，初步形成主动参与社会决策的意识。

5. 逐步养成良好的生活与卫生习惯，确立积极、健康的生活态度。

第六章

研制学科课程纲要

课程纲要以提纲形式一致性地呈现一门课程的目标、内容、实施和评价这四个基本要素。其基本内容包括:背景、目标、内容、实施、评价、所需条件,以及题目、设计者、课程名称、课程类型、教材、年级、学期、课时数等。学科课程纲要一般用表格的形式体现一个学科课程整合和技术融合的研究成果。

我校学科课程纲要的编写特点:分学期制定,便于编写对应的教学案;内容设计到学时,细化到每学时对应的知识点;根据课程标准的要求,制定知识点的教学要求,必要时用例题(举例)说明;设计评价方式,并体现教、学、评一致性;体现分层走班、技术融合、差异化需求等实施要素。

2017年暑假,在前期大量工作的基础上,学校组织教研组长、分册主编及骨干教师20余人,在北京21世纪学校对各学科课程纲要集中进行研讨、修订,并基本定稿。

本章节选部分学科的课程纲要。

第一节 七年级上学期语文学科课程纲要

课程名称:语文

课程类型:国家课程(必修)

教材版本:部编本(人民教育出版社)

适用年级、学期:七年级上学期

总课时数:68

一、课程标准的要求

1. 能够从汉字音、形、义一体的角度,准确识记字音、字形,理解和推断字义,正确运用词语;在使用硬笔熟练地书写正楷字的基础上,初步学习规范、通行的行楷字,提高书写的速度。

2. 能理清课文的基本思路,理解文章的主要内容,能用简洁的语言概括文章的中心思想,能赏析重要词句在语言环境中的意义和作用,能形成自己独特的情感体验,从中获得对自然、社会、人生的有益启示,初步掌握朗读的基本技巧,读准字音,注意情感和节奏。

3. 古诗文阅读,能借助注释和工具书理解基本内容,把握简单的文言语法知识,掌握基本的诗歌诵读技巧,能够准确默写教材要求背诵的古诗词名篇、名句,基本理解诗歌内涵。

4. 随文学习并掌握词性、短语、修辞等语法知识,提高学生的语言运用能力。

5. 欣赏文学作品,能有自己的情感体验,初步领悟作品的内涵,从中获得对自然、社会、人生的有益启示。对作品的思想感情倾向,能联系文化背景做出自己的评价;对作品中感人的情境和形象,能说出自己的体验;品味作品中富于表现力的语言。

6. 诵读古代诗词,有意识地在积累、感悟和运用中,提高自己的欣赏品位和审美情趣。

7. 学写简单的写人记事的记叙文,学写简单的写景散文,抓住人和事物的主要特征,写出真情实感;能运用简单的写作手法,语句通顺,思路清晰,中心明确。

8. 根据需要表达的中心,选择恰当的表达方式;合理安排内容的先后和详略,条理清楚地表达自己的意思;运用联想和想象,丰富表达的内容。

9. 在口语交际中,能够有主次、有条理地表达自己的感受或看法,通过各种语文活动,提高口语交际能力;在校级组织的国内外研学旅行活动和各类语文活动中,感受传统文化的魅力,增强学生爱国热情、民族自豪感,拓宽视野,加强团队合作意识。

二、对国家课程标准、教材、学情的综合分析

（一）对国家课程标准解析

1. 能初步熟练地使用字典、词典独立识字，会用多种检字方法。累计认识常用汉字 1 300 个左右。

2. 掌握朗读的基本技巧，读准字音，注意情感和节奏。

3. 养成默读习惯，初步掌握略读和浏览的方法，完成周推荐美文阅读量不少于 5 000 字，每月不少于 2 万字，每学期不少于 10 万字。外加语文大阅读和寒暑假自主阅读经典名著每学年不少于 60 万字，七年级一学年的总阅读量不少于 80 万字。

4. 初步掌握记叙文的阅读方法与技巧，能理清课文的行文思路，学会有条理记叙；理解文章的主要内容，学习从详略得当、细节描写、典型选材等方面写人叙事；能用简洁的语言概括文章中心；能赏析重要词句在语言环境中的意义和作用。

5. 学习写景类散文，初步掌握运用多种修辞、多感官描写、虚实结合、动静结合等写景的手法；揣摩并品味优美的语言；抓住景物特征，理解掌握托物言志的写作手法。

6. 能正确流利地诵读浅显文言文，初步培养文言语感；能借助注释和工具书阅读浅易文言文，理解基本内容；把握简单的文言语法知识，如特殊句式、词类活用、通假字等，用来帮助理解课文中的语言难点。

7. 掌握基本的诗歌诵读技巧，能够准确默写教材要求背诵的古诗词名篇、名句。

8. 阅读推荐的名著书目：《朝花夕拾》《西游记》《骆驼祥子》《海底两万里》《红星照耀中国》《傅雷家书》《钢铁是怎样炼成的》《星新一科幻短篇小说选》。通过阅读经典，消除与经典的隔膜；学会精读与跳读；学会圈点与批注；提升阅读速度。

9. 学会制订阅读计划，广泛阅读各种类型的读物，能利用图书馆、网络搜集自己需要的信息和资料，帮助阅读。

10. 学写简单的写人记事的记叙文，做到语句通顺，思路清晰，中心明确；做到多种细节描写相结合，多种表达方式相结合；详略得当，重点选材。

11. 自主组织语文类活动，在举办传统文化节、读书节等活动过程中，感受传统文化的魅力，增强民族文化认同感。在校级组织的国内外研学旅行活动中，在追寻历史文化遗迹、领略自然风光、感受地域风情、体验现代科学魅力的过程中，增强爱国热情、民族自豪感，拓宽视野，加强团队合作意识。能根据现有的经典阅读材料，改编课本剧，以自编、自导、自演、自评的形式，培养合作和团队意识，提高审美情趣。安排综合性活动，包括书评、影评、读书交流会、诗歌大赛、个性化创作校园或班级新闻、创编组报及班报、规定主题的演讲比赛、推介青岛当地优秀非物质文化遗产内容，如"茂腔""胶东大饽饽""渔民文化""辛安剪纸"等，拓宽学生视野，感受传统民俗文化内涵，提高学生的语文综合素养。

（二）对七年级统编教材的解析

本整合教材基本遵循原有教材的编写体例，整合七年级上、下两册书的内容，共设计八大专题，十六个板块。

1. 写景美文专题，包括优美写景散文、托物言志散文两个板块。

2. 人物篇章专题，包括挚爱亲情、平凡人物、人生领袖三个板块。

3. 成长之旅专题，包括成长进步、修身正己两个板块。

4. 人与自然专题，包括动物朋友、科幻探险两个板块。

5. 想象之翼专题，包括童话、寓言两个板块。

6. 诗词之美专题，包括古诗长廊、徜徉现代诗两个板块。

7. 文言之妙专题。

8. 语言文法专题，包括词性、短语、句子成分三个板块。

同一个专题，以不同的文体为载体，每个专题配之以相应的综合性活动和课内外名著名篇推荐阅读，写作和口语交际的训练，加之对朗读的精要指导，对名著的阅读指导，对书法艺术的欣赏指导，对语文活动的拓展指导等，教材内容丰富多彩，教学活动精彩纷呈，可以不断提升学生的语文素养和能力，促进其心灵逐步成长。

（三）对学情的解析

本级学生来自区内不同小学，学生的基础和能力有区别。学生在小学阶段的学习中，有了一定的识字量，已经初步掌握学习语文的基本方法，养成利用工具书阅读的习惯，了解基本的修辞手法，具有一定的联想和想象能力，有利于七年级语文学习活动的开展。教材内容延展丰富，对语文学科本身的知识进行前勾后连和重复循环，使学生的阅读和写作得以有效衔接，在此基础上，学生将进一步学习散文、诗歌、文言文等内容。真正打造高效的语文课堂，实现读写一体化教学，为真正提高孩子的语文素养和能力，为孩子的长足发展奠基。

三、课程目标

1. 通过对汉字的掌握和随文学习，并掌握词性、短语、修辞等语法知识，提高学生的语言运用能力。形成学生的语言体验，提高学生在具体语言情景中正确有效地运用祖国语言文字进行沟通交流的能力。

2. 通过对古诗文的学习，掌握基本的诗歌诵读技巧，把握简单的文言语法知识；通过背诵古诗词名篇、名句，基本理解诗歌内涵，增强学生文化自觉，激发学生热爱祖国语言文字、热爱中华文化的热情。

3. 通过对记叙文的学习，赏析重要词句在语言环境中的意义和作用，能形成自己独特的情感体验，从中获得对自然、社会、人生的有益启示。通过阅读经典，消除与经典的隔膜；学会精读与跳读；学会圈点与批注；提升阅读速度；培养学生的鉴赏与创造素养。

4. 通过学写简单的写人记事的记叙文，学写简单的写景散文，抓住人和事物的主要特征，写出真情实感。通过各种语文活动，提高口语交际能力，促进学生的思维发展与提升。

四、学习主题／活动安排

依据学期目标合理安排课时，课时数包括复习、考试时间。所选择的教与学的方法与学期目标匹配。本课程教学活动安排见表 6.1.1，共 68 课时。

表 6.1.1 语文教学活动安排

教学进度	专题	板块	课程内容	课时	学习目标	学习活动	课程资源
第一周	写景美文	优美写景散文	《春》	2	1. 朗读，把握好重点和停顿。 2. 掌握运用比喻、拟人等修辞，多感官描写、虚实结合，动静结合等写法。 3. 注意揣摩并品味优美的语言	1. 有感情地诵读课文，想象画面之美。 2. 教师指导，掌握写景方法。 3. 圈点勾画，点评批注，赏析优美语言的表达效果。 4. 读写结合，即景练笔。	推荐写景美文2篇，梁衡《夏感》，贾平凹《风雨》，做阅读摘抄笔记
			《济南的冬天》	1			
			《雨的四季》	自读课文，配合学案，混合式学习，平台监测			
		托物言志散文	《紫藤萝瀑布》	1	1. 继续深化学习各种写景手法。 2. 抓住景物特征，理解掌握托物言志的写作手法。 3. 继续品味赏析优美的语言	1. 有感情地诵读课文，体会作者的情感。 2. 教师指导，学习托物言志的手法。 3. 圈点勾画，赏析语言。 4. 读写结合，进行托物言志作文练习	推荐托物言志类文章，并做好摘抄笔记
			《一棵小桃树》	1			

续表

教学进度	专题	板块	课程内容	课时	学习目标	学习活动	课程资源
第二周	语言文法	词性	实词，虚词	2	1. 掌握实词和虚词词性的特点。2. 能够正确区分在具体语言环境下的各类词词性	1. 教师讲解词性语法知识。2. 学生练习巩固	
		短语	并列短语、偏正短语、主谓短语、动宾短语、补充短语、介宾短语	2	1. 掌握六大类短语的特点。2. 能正确区分各类短语	1. 教师讲解短语知识。2. 学生练习巩固	
		句子成分	主谓宾、定状补	2	1. 掌握六大句子成分。2. 能正确划分句子成分	1. 教师讲解句子成分相关知识。2. 学生练习巩固	
第三周	文言之妙（一）	七上（七篇）	《世说新语》两则：《咏雪》《陈太丘与友期行》	2	1. 注重诵读，培养文言语感。2. 积累重点文言实词和虚词，理解课文基本内容。3. 积累各类文言现象。4. 文史结合，了解作家作品背景，提高优秀传统文化的学习兴趣。	1. 指导学生掌握文言文学习的基本方法。2. 引导学生，读品语感，培养文言语感。3. 指导学生积累文言词汇，梳理各类文言现象等，夯实文言基础	
			《论语》十二章	2			
			《诫子书》	1			
			《狼》	2			
			《寓言两则》：《穿井得一人》《杞人忧天》	2			

续表

教学进度	专题	板块	课程内容	课时	学习目标	学习活动	课程资源
第四周	人物篇章	挚爱亲情	《秋天的怀念》	1	1. 重视朗读，注意语气、节奏的变化。 2. 品味语言，体会挚爱真情。 3. 理清行文思路，学会有条理地记叙	1. 有感情地诵读课文，体会作者真挚的情感。 2. 结合记叙文六要素指导学生有条理地记叙。 3. 读写结合，写真事，抒真情	推荐龙应台和杨绛的亲情类散文
			《散步》	1			
			《台阶》	自读课文配学案，混合学习			
第五周	人物篇章	平凡人物	《阿长与〈山海经〉》《老王》	2	1. 速读与精读结合，把握内容，感受意蕴。 2. 学习从详略得当、细节描写等方面写人叙事。 3. 学会抓住标题和关键语句，把握课文重点	1. 默读课文，圈点批注，把握内容，感知人物形象特点。 2. 指导学生学习详写略写、细节描写、典型选材的写人记事方法。 3. 读写结合，抓住细节描写，凸显身边平凡人物	1. 经典阅读:《骆驼祥子》。 2. 实践活动:观影和读书结合，可以写影评和书评

续表

教学进度	专题	板块	课程内容	课时	学习目标	学习活动	课程资源
第六周	人物篇章	人生领袖	《纪念白求恩》	1	1. 略读和默读,圈点批注,把握文章大意,体会人物精神品质。 2. 通过典型材料选材来刻画人物。 3. 学习记叙、议论、抒情相结合的表达方式以及对比衬托等手法	1. 默读课文,圈点批注,把握内容,体会人物精神品质。 2. 指导学生学会选择典型材料刻画人物。 3. 读写结合,能综合运用多种表达方式及对比衬托的方法刻画人物形象	推荐阅读:《音乐巨人贝多芬》
			《邓稼先》	1			
			《回忆鲁迅先生》 《驿路梨花》	自读课文配学案,混合式学习 1			
第七周	成长之旅	成长进步	《从百草园到三味书屋》	2	1. 默读与精读结合,培养阅读能力,了解课文大意。 2. 揣摩品味关键语句的妙处。 3. 继续学习细节描写方法	1. 默读课文,把握内容。 2. 指导学生品味关键语句。 3. 读写结合,多种细节描写手法结合,使文作生动形象	1. 经典阅读:《朝花夕拾》。 2. 实践活动:读书交流会
			《再塑生命的人》	自读课文配学案,混合式学习			
第八、九周	期中复习、检测		散文、记叙文、古诗词背诵默写、现代文字词积累、语法知识、文言文知识	10	夯实基础知识,提高阅读理解能力和写作能力	1. 方法点拨,拓展练习。 2. 专题检测	配套模拟题

续表

教学进度	专题	板块	课程内容	课时	学习目标	学习活动	课程资源
第十周	成长之旅	修身正己	《说和做——闻一多先生言行片段》	1	1. 略读知晓大意，细读知晓重点。 2. 学习人物精神品质，修身正己	略读与细读结合，把握课文重点，学习人物精神品质	
			《叶圣陶先生二三事》	1			
			《走一步，再走一步》	自主阅读			
			《最苦与最乐》	1			
第十一周	人与自然	动物朋友	《猫》	1	1. 默读，读思结合，把握重点，概括中心。 2. 提升学生珍爱生命和人文关怀素养	1. 读思结合，训练概括课文中心的能力。 2. 借助文本学习，培养学生热爱自然、关爱动物、善待生命的意识	1. 经典阅读：《海底两万里》。 2. 读书展示活动
			《动物笑谈》	自读课文配学案，混合式学习			
		科幻探险	《伟大的悲剧》《太空一日》《带上她的眼睛》	自主阅读1课时，分主题交流活动1课时	1. 速读，提取主要信息。 2. 培养学生理性思维，批判质疑、勇于探究的科学精神	1. 指导学生自主阅读三篇文章。 2. 小组交流合作确定探究主题，教师指导。 3. 分主题交流展示探究成果	经典阅读：《星新一科幻短篇小说选》

续表

教学进度	专题	板块	课程内容	课时	学习目标	学习活动	课程资源
第十二周	想象之翼	童话	《皇帝的新装》《女娲造人》	自读并确定表演主题1课时，表演展示1课时	1. 区分童话、寓言、神话的文体特点。 2. 调动自己的体验，培养联想和想象能力。 3. 培养学生的实践创新意识和团队合作精神，提高表演创新能力	1. 速读，练习快速阅读，提高阅读速度。 2. 小组合作自编自导自演自评课本剧	1. 经典阅读：《西游记》。 2. 实践活动：课本剧创编
		寓言	《赫尔墨斯和雕像者》《蚊子和狮子》				
第十三、十四周	诗词之美	古诗词长廊	课内古诗词（4首）：《观沧海》《闻王昌龄左迁龙标遥有此寄》《次北固山下》《天净沙·秋思》	2	1. 培养诵读诗歌的能力。 2. 学习诗歌鉴赏方法。 3. 理解诗歌内容，体会诗人情感。 4. 准确背诵默写诗歌	1. 指导学生，注意朗读技巧和方法，进行多种形式的诵读，理解诗歌内容，体会诗人情感。 2. 精讲课内古诗词，点拨课外古诗词。 3. 组织诗歌朗读、背诵、默写比赛。 4. 指导学生结合背景、意象初步掌握诗歌鉴赏方法	实践活动：诗歌朗诵、背诵和默写大赛
			课外古诗词（8首）：《峨眉山月歌》《江南逢李龟年》《行军九日思长安故园》《夜上受降城闻笛》《秋词（其一）》《夜雨寄北》《十一月四日风雨大作（其二）》《潼关》	2			

续表

教学进度	专题	板块	课程内容	课时	学习目标	学习活动	课程资源
第十五周	诗词之美	徜徉现代诗	七上现代诗（4首） 散文诗2首：《金色花》《荷叶·母亲》 现代诗（2首）：《天上的街市》《太阳船》	3	1. 诗歌朗诵，注重语音、停顿，语气、语调、情感。 2. 培养学生的想象与联想能力。 3. 品读优美的现代诗文语句	1. 指导学生有感情地诵读现代诗歌，注意朗读技巧。 2. 读写结合，注重想象与联想的区别，仿写现代诗歌	
第十六、十七周	期末复习检测		散文、记叙文、古诗词背诵默写、现代文字词积累、语法知识、文言文知识	14	夯实基础知识，提高阅读理解能力和写作能力	1. 方法点拨，拓展练习。 2. 专题检测	配套模拟题

五、评价活动／成绩评定

（一）过程性评价

过程性评价办法见表 6.1.2。

表 6.1.2　过程性评价

评价项目	评价指标	评价细则	得分	评价时间	评价主体
书面作业（10 分）	完善度及整洁度	未完成（包括空题率 ≥ 50%）	0 分	随机抽评，不限次数	师评组评
		完成，但书写不工整，空题率 < 50%	1～5 分		
		完成，书写工整，正确率高	8～10 分		
阅读篇目及笔记摘抄（10 分）	阅读任务完成量（5 分）	未完成	0 分	随机抽评，不限次数	师评组评互评
		完成	5 分		
	笔记摘抄情况（5 分）	摘抄翔实及工整度	0～3 分		
		有无批注或感悟	0～2 分		
语文活动参与情况（7 分）	参与比重及质量	参与比重小、质量低、效果差	0～3 分	随机抽评，不限次数	师评组评互评
		参与比重大、质量高、效果好	4～7 分		
课堂表现（3 分）	课堂听讲发言及小组合作情况	视具体情况而定	0～3 分	随堂评价	学科长评师评组评

过程性评价计分办法如下：

过程性评价成绩 ＝ 过程性评价所得原始分的平均分 × 1.2

（二）期中／期末检测成绩

期中、期末检测试卷满分均为 120 分。

计分办法如下：

期中／期末检测成绩 ＝ 期中检测成绩与期末检测成绩的平均分 × 70%

（三）学期语文学业总评成绩

总评成绩满分 120 分。总评成绩计算办法如下：

总评成绩 = 过程性评价成绩 + 期中／期末检测成绩。

第二节　九年级上学期英语学科课程纲要

课程名称：英语

课程类型：国家课程（必修）

教材版本：人民教育出版社

适用年级学期：九年级上学期

总课时数：99

一、与本学期相联系的国家课程标准陈述

新课标规定，九年级学生应达到以下要求：

1. 能听懂有关熟悉话题的陈述并参与讨论。（听）

2. 能就日常生活的相关话题与他人交换信息并陈述自己的意见。（说）

3. 能读懂相应水平的读物，克服生词障碍，理解大意；能根据阅读目的运用适当的阅读策略。（读）

4. 能根据提示独立起草和修改小作文。（写）

5. 有较明确的英语学习动机、积极主动的学习态度和自信心；能与他人合作，解决问题并报告结果，共同完成学习任务。（情感态度）

6. 能利用多种资源进行学习，能对自己的学习进行评价，总结学习方法。（学习策略）

7. 能进一步增强对文化差异的理解与认识。（文化意识）

二、课程标准、教材、学情综合分析

新课标规定九年级学生在毕业时要达到五级目标，要有较明确的英语学习动机、积极主动的学习态度和自信心。能听懂教师有关熟悉话题的陈述并参与讨论。能就日常生活的各种话题与他人交换信息并陈述自己的意见。能读懂相应水平的读物，克服生词障碍，理解大意。能根据阅读目的运用适当的阅读策略。能根据提示独立起草和修改小作文。能与他人合作，解决问题并报告结果，共同完成学习任务。能对自己的学习进行评价，总结学习方法。能

利用多种教育资源进行学习。进一步增强对文化差异的理解与认识。

九年级学生经过小学六年和初中两年的英语学习，对词汇、语法等基础知识有了一定的储备，掌握了一定的学习策略和答题技巧，综合语言运用能力也有了很大提高，为后续的深化学习奠定了扎实的基础，也为教师教学提供了较大的空间。但我校学生源于城乡接合部，英语学习多极分化现象比较严重：优秀的学生无论基础还是能力都达到了较高的层次，有浓厚的学习兴趣，需要广阔的提升空间；一部分中等学生在英语学习上面临的困难越来越多，最主要的原因是词汇量的积累明显不足，语法知识不扎实，学习策略欠缺，他们想冲出困境，却有畏难情绪，需要特殊帮扶与引导，要及时对症补弱，增强其学习信心；还有一部分学困生，英语几乎等同于火星文，一窍不通，有了放弃的念头，他们需要耐心的引导，从头开始，慢慢积累基础，争取能入门。总的说来，学生基础知识的掌握参差不齐，掌握知识的手段比较单一，缺少灵活有效的学习方式，分析问题、解决问题的能力需进一步提高。

九年级英语教材的编写依据有两条主线：一条是话题主线，将与学生学习、生活息息相关的方面细化成一个个的话题，每个单元的选材都是围绕某个话题来组织的，易于帮助学生分类积累目标语言知识，构建清晰的话题框架，为写作和话题表达积累了丰富的素材；另一条是语法主线，在单元与单元之间的编排上，根据语法知识的内在联系，将主要相关单元连续编排，由浅入深层层推进，易于帮助学生构建完整的语法知识框架。针对教材的上述特点和我校学情实际，依据课标，我们对教学内容进行了适当调整，按语法主线将教材打乱顺序整合成不同的模块，精心编写与之相对应的问题导学教学案，引导学生在充分利用教材的同时实现对教材内容的超越。具体的做法是重组、拓展教材，按照语法内容把相关单元整合成模块，然后根据模块知识之间的内在联系，调整了学习的顺序。九年级教材（全一册）共14个单元，可以整合成动名词、宾语从句、被动语态、动词不定式、情态动词、定语从句、过去完成时和综合复习八大模块。根据计划本学期拟完成1～11单元的教学任务，主要包含宾语从句、非谓语动词、被动语态、情态动词表推测四个模块的内容。模块教学时遵循先构建思维导图，再参照思维导图由整体到单元展开具体的教学活动的思路进行。在话题内容的处理上，充分利用以"跨文化交际，关注中外文化对比"为主题的研究性学习，结合"走近英文名著"为主题的英语读书成果汇报演出活动，拓宽学生的英语视野，引导学生在活动中体验、实践英语,同时理解中西方文化差异,提升跨文化交际和传播中华文化的能力。另外,借助我校电子书包教学的优势,充分利用现代信息化教学手段,以问题探究为核心来激活教材、丰富教材,将英语学习由课内拓展到课外、由校内拓展到校外,有利于培养学生的自主学习能力和英语综合运用能力。

三、课程目标

通过本学期学习后,学生能够达到以下目标:

(一)语言知识目标

1. 通过听录音、情境交际、句式训练掌握 Unit 1 至 Unit 11 各单元词汇的读音与用法。

2. 通过语法变式练习,理解并学会 verb + by with gerund, objective clause, used to, passive voice, must/might/could/can't for making inferences, relative clause with that/who/which, supposed to+infinitive/expected to +infinitive/It is + *adj.* + infinitive 等语法知识的基本用法,并能在话题语境中熟练使用相关语法知识表达思想。

3. 通过同伴互助或小组合作学习方式,能够就 learning how to learn, festival, getting around, how we have changed, things made in China, inventions, rules, mysteries, music and movies, customs 等话题熟练进行口语交际,做到语音、语调自然,语气恰当,并能恰当理解和运用以上话题功能意念的语言表达形式。

(二)语言能力目标

1. 通过课堂听力活动,能听懂上述十几个话题的对话,提高对关键信息的抓取、理解和判断能力。

2. 能以角色扮演、小组合作等形式,运用本学期所学交际用语和语言结构,就上述话题进行口语交际,进一步提高口语表达的准确性,并能参与话题讨论与陈述,发表自己的观点。

3. 借助电子教材,提高朗读的准确度、流畅度和标准度;结合课程内容拓展相关话题的阅读材料,提高阅读速度,实践阅读策略,提高阅读理解能力和分析问题、解决问题的能力。

4. 在教师的帮助下或小组讨论的基础上,能独立运用本学期所学的词汇、句型和语态等语言知识就不同的话题编写 80～100 字的小短文,提高书面表达的准确性和条理性。

（三）思维品质目标

能辨析语言和文化中的具体现象,梳理、概括信息,分析、推断信息的逻辑关系,正确评判各种思想观点,创造性地表达自己的观点。

（四）学习能力目标

树立正确的英语学习观,能在小组互帮互助中激发英语学习动机,掌握基本的学习策略,养成积极主动的学习态度,增强自信心和学习兴趣,通过自主学习、同伴互助、小组合作等学习方式养成自主、合作、探究的学习习惯。

（五）文化意识及德育目标

在日常交际和阅读中,通过对节日文化、中国制造、世界发明、规则、环保等话题的了解,理解文化内涵,比较文化异同,汲取文化精华,培养民族自豪感、家国情怀和社会责任心,形成正确的价值观,坚定文化自信,形成自尊、自信、自强的良好品格,具备一定的跨文化沟通和传播中华文化的能力。

四、学习主题／活动安排

（一）第 1～2 周教学内容：动名词模块

本模块包含 1 个单元的内容,即 Unit 1: How can we become good learners? 共需 8 课时,其中新授课 5 课时,单元与模块复习 2 课时,动名词模块综合检测 1 课时。教学内容如下:

Topics: Learning how to learn

Functions: Talk about how to study

Structures: Verb + by with gerund

Activities: 本单元是学生进入九年级后的第一个单元,主题是"人与自我",话题围绕谈论学习方法展开。其中围绕如何复习考试和学英语设计了 3 个听力训练,围绕如何读书设计了 1 个角色扮演对话练习,围绕如何学英语和怎样成为一名成功的学习者设计了 2 个语篇阅读。语篇类型以听力、对话和阅读三种形式呈现,语法聚焦动名词做介词宾语和 by doing 做方式状语的用法,整个单元按照听、说、读、写四大板块编排,每个板块都以一种语言技能活动为主,兼顾对其他技能的培养,关注语言的理解性技能和表达性技能的协调发展。通过本单元的学习,学生可以了解许多有用的学习方法,学会根据自己的实际情况选择适合自己的学习方法,为今后的学习提供帮助。

(二)第2～5周教学内容:宾语从句模块

本模块包含 2 个单元的内容,分别是 Unit 2:I think that mooncakes are delicious! 和 Unit 3:Could you please tell me where the restroom are? 共需 16 课时,每个单元 7 课时,含新授课 5 课时、单元复习与自主检测 2 课时,宾语从句模块综合复习与检测 2 课时。

Unit 2 教学内容如下:

Topics：Festivals

Functions：Give a personal reaction

Structures：Objective clause with that，if and whether；Exclamatory statements

Activities：本单元的主题是"人与社会",涉及的话题是不同民族文化习俗与传统节日,通过 3 个听力、1 个对话和 4 个语篇,分别呈现龙舟节、泼水节、中秋节、母亲节、父亲节、万圣节、圣诞节和复活节等中西方主要传统节日的寓意、故事、习俗、活动等文化知识,语篇类型以听力、对话和阅读三种形式呈现,语法聚焦感叹句和 if/whether/that 引导的宾语从句用法。整个单元按照听、说、读、写四大板块编排,每个板块都以一种语言技能活动为主,兼顾对其他技能的培养,关注语言的理解性技能和表达性技能的协调发展。通过拓展中西方节日话题阅读,引领学生理解中西方节日文化的历史渊源与发展演变;了解中国传统文化,提升民族文化自信和自豪感;了解世界节日文化,理解中西方节日文化差异,提升跨文化交际和传播中华文化的能力。

Unit 3 教学内容如下:

Topics：Getting around

Functions：Ask for information politely；Follow directions

Structures：Objective clause with wh-questions

Activities：本单元的主题是"人与社会",话题围绕出行展开,设计了指路问路 3 个听力训练,围绕游乐场设计了 2 个场景对话,围绕有礼貌地提出问题设计了 1 个语篇阅读。语篇类型以听力、对话和阅读三种形式呈现,语法聚焦 wh-questions 宾语从句的用法。整个单元按照听、说、读、写四大板块编排,每个板块都以一种语言技能活动为主,兼顾对其他技能的培养,关注语言的理解性技能和表达性技能的协调发展。通过本单元的学习,学生可以了解中西方国家在交际过程中表现出来的文化差异,学会有礼貌地提出请求和做出回答,理解中西方文化内涵,比较中西方文化异同,汲取中西方文化精华,提升跨文化交际能力。

(三)第 6～11 周教学内容:被动语态模块

本模块包含 3 个单元的内容,分别是 Unit 5: What are the shirts made of? Unit 6: When was it invented? 和 Unit 7: Teenagers should be allowed to choose their own clothes. 共需 23 课时,每个单元 7 课时,含新授课 5 课时、单元复习与自主检测 2 课时,被动语态模块综合复习与检测 2 课时。

Unit 5 教学内容如下:

Topics: Things made in China

Functions: Talk about what products are made of and where they were made

Structures: Passive voice(present tense)

Activities: 本单元的主题是"人与社会",话题围绕谈论产品的原材料、产地、生产时间等方面展开,以谈论服装、餐具、饰品等不同日常生活产品、艺术科学交易会展品和国际风筝节风筝三个场景产品的制作设计了 3 个听力训练,围绕中国茶的生产设计了 1 个角色扮演对话练习,围绕中国制造和中国传统艺术品设计了 2 个语篇阅读。语篇类型以听力、对话和阅读三种形式呈现,语法聚焦被动语态的一般现在时的用法。整个单元按照听、说、读、写四大板块编排,每个板块都以一种语言技能活动为主,兼顾对其他技能的培养,关注语言的理解性技能和表达性技能的协调发展。通过本单元的学习,学生可以了解许多有用的中国制造的文化知识,体会"中国制造"对世界的影响,从而激发民族自豪感,激发"为中国创造"的学习动机。

Unit 6 教学内容如下:

Topics: Inventions

Functions: Talk about histories of inventions

Structures: Passive voice(past tense)

Activities: 本单元的主题是"人与社会",话题围绕谈论发明的历史展开,以谈论对世界产生巨大影响的发明的历史、现代发明的创新思维和土豆片被偶然发明的故事三个素材设计了 3 个听力训练，围绕小发明改变大世界的话题设计了 1 个角色扮演对话练习，围绕茶的发明与茶文化和篮球的发明设计了 2 个语篇阅读。语篇类型以听力、对话和阅读三种形式呈现，语法聚焦被动语态的一般过去时的用法。整个单元按照听、说、读、写四大板块编排，每个板块都以一种语言技能活动为主，兼顾对其他技能的培养，关注语言的理解性技能和表达性技能的协调发展。通过本单元的学习，学生可以了解许多日常用品的发明历史与过程，体会发明对世界和人类生活的改变产生的巨大作用，意识到创新思维在学习和生活中的重要性，从而在日常生活和学习中养成善于发现问题、敢于质疑和勇于解决问题的优良思维品质。

Unit 7 教学内容如下：

Topics：Rules

Functions：Talk about what you are allowed to do；Agree and disagree

Structures：Should be allowed to ...

Activities：本单元的主题是"人与自我"，话题围绕谈论生活中的规矩和针对规矩表达个人看法两个方面展开，以谈论 16 岁青少年应该遵守的规矩、青少年该不该兼职工作和迟到是否应该被拒绝参加考试设计了 3 个听力训练，围绕到博物馆参观是否应该被允许拍照设计了 1 个角色扮演对话练习，围绕成长经历中的叛逆以 Mum knows best 为主题设计了 1 首诗歌赏析，围绕 Liu Yu 的爱好设计了 1 个讨论青少年该不该被允许自己做决定的语篇阅读。语篇类型以听力、对话和阅读三种形式呈现，语法聚焦含情态动词的被动语态的用法。整个单元按照听、说、读、写四大板块编排，每个板块都以一种语言技能活动为主，兼顾对其他技能的培养，关注语言的理解性技能和表达性技能的协调发展。本单元的话题贴近学生生活实际，在与他们讨论规矩的时候，可以很容易地走近他们的内心世界，易于对其展开情感教育，拉近师生关系，并因势利导帮助学生形成正确的价值观和人生态度，培养学生遵规守矩、健康成长。

（四）第 11～12 周教学内容：期中复习与考试

共计 7 课时。

（五）第 12～17 周教学内容：动词不定式模块

本模块包含 3 个单元的内容，分别是 Unit 4：I used to be afraid of the dark.

Unit 10：You're supposed to shake hands. 和 Unit 11：Sad movies make me cry. 共需 23 课时，每个单元 7 课时，含新授课 5 课时、单元复习与自主检测 2 课时，动词不定式模块综合复习与检测 2 课时。

Unit 4 教学内容如下：

Topics：How we have changed

Functions：Talk about what you used to be like

Structures：Used to be/do

Activities：本单元的主题是"人与自我"，话题围绕谈论过去的长相、过去喜欢做的事情和一个人过去与现在的变化展开。设计了 3 个听力活动，第一个谈论了 Bob 朋友们的变化，第二个谈论了 Paula 的变化，第三个围绕谈论过去喜欢做和不喜欢做的事情展开。以同学聚会为背景设计了一个谈论 Billy 的巨大变化的角色扮演对话练习。围绕歌星 Candy Wang 克服内向性格走向成功的故事和留守儿童李文成长过程中性格、学业等方面的变化设计了 2 个语篇阅读。语篇类型以听力、对话和阅读三种形式呈现，语法聚焦 Used 后接动词不定式的用法。整个单元按照听、说、读、写四大板块编排，每个板块都以一种语言技能活动为主，兼顾对其他技能的培养，关注语言的理解性技能和表达性技能的协调发展。通过本单元的学习，学生既可以学会使用 used to do 描述过去的状态和过去做过的事情，还可以通过两个阅读语篇的学习明白两个道理：一是通往成功的道路大都充满荆棘，要想成名、成功，必须坚持奋斗，永不言弃；二是要关注和关爱留守儿童的成长，父母的陪伴是儿童健康成长不可或缺的因素。

Unit 10 教学内容如下：

Topics：Customs

Functions：Talk about Customs and what you are supposed to do

Structures：Supposed to + infinitive；Expected to + infinitive；It is + *adj.* + infinitive

Activities：本单元的主题是"人与社会"，话题围绕谈论风俗习惯和文明礼仪展开，以谈论不同国家的会面礼仪、美国人到朋友家拜访的礼仪和餐桌礼仪三个主题设计了 3 个听力训练，围绕如何欢迎来自不同国家的同学设计了 1 个角色扮演对话练习，围绕哥伦比亚、瑞士和法国三个国家的不同习俗和礼仪设计了 2 个语篇阅读。语篇类型以听力、对话和阅读三种形式呈现，语法聚焦 be supposed/expected to do 的动词不定式用法。整个单元按照听、说、读、写四大板块编排，每个板块都以一种语言技能活动为主，兼顾对其他技能的培养，关注语言的理解性技能和表达性技能的协调发展。通过本单元的学习，学生可以了解不同国家的风俗礼仪，了解中西方文化差异，提升跨文化交际和传播中华文化的能力。

Unit 11 教学内容如下：

Topics：Feelings

Functions：Talk about how things affect you

Structures：Make to + infinitive without to；Make + sb. + *adj.*

Activities：本单元的主题是"人与自我"，话题围绕谈论情感变化展开，以餐厅文化对人的情绪的影响、与朋友外出吃饭和调侃朋友的言行对自己情绪的影响、快乐人的衬衫三个主题设计了 3 个听力训练，围绕交友过程中朋友的言行对人情绪的影响设计了 1 个角色扮演对话练习，围绕快乐人的衬衫和不败的球队设计了 2 个语篇阅读。语篇类型以听力、对话和阅读三种形式呈现，语法聚焦 make 后接不带 to 的动词不定式用法。整个单元按照听、说、读、写四大板块编排，每个板块都以一种语言技能活动为主，兼顾对其他技能的培养，关注语言的理解性技能和表达性技能的协调发展。通过本单元两个阅读语篇的学习，学生可以懂得快乐的真谛是知足、不强求，明白团队良好沟通和团队协作是球队常胜不败的秘诀。

（六）第 17～19 周教学内容：情态动词表推测模块

本模块包含 1 个单元的内容，即 Unit 8：It must belong to Carla. 共需 8 课时，其中新授课 5 课时，单元与模块复习 2 课时，情态动词表推测模块综合检测 1 课时。教学内容如下：

Topics：Mysteries

Functions：Make inferences

Structures：Must，might，could and can't for making inferences

Activities：本单元的主题是"人与社会"，话题围绕推断展开，以野餐、公园捡到书包、影片拍摄三个语境推断物主和发生的事件设计了 3 个听力训练，围绕推断书包丢失的场景和地点设计了 1 个角色扮演对话练习，围绕对发生在社区的神秘事情和世界之谜——石头阵的形成的推断设计了 2 个语篇阅读。语篇类型以听力、对话和阅读三种形式呈现,语法聚焦情态动词表推测的用法。整个单元按照听、说、读、写四大板块编排,每个板块都以一种语言技能活动为主,兼顾对其他技能的培养,关注语言的理解性技能和表达性技能的协调发展。通过本单元的学习,学生可以了解世界上的一些难解之谜,激发科学探究精神,学会根据事物的表象进行科学推断的方法,并能够使用情态动词进行推断表达。

(七)第 19～21 周教学内容:期末复习与考试

共计 14 课时。

五、教学实施

(一)课时安排

每单元新授课安排 5 课时:第 1 课时是听说课 Section A（1a—2d）,第 2 课时是精读课 Section A（3a—3c）,第 3 课时是听说语法课(Grammar Focus 和 Section B 1a—1d),第 4 课时是泛读课(Section B 2a—2e),第 5 课时是写作课(Section B 3a—3b)。另外,单元复习课(Self Check) 1 课时,单元检测 1 课时。每个模块学习结束后安排模块综合测试 2 课时。本学期共授课 99 课时。

(二)教学资源

课本,电子教材,PPT,导学案,科大讯飞资源平台,自编的单元综合检测试卷一套,单元词汇竞赛单,等。

(三)教学方法

问题导学教学模式,任务型教学法,情境教学法,学案导学法,分层教学法,等。教学方式采用电子书包授课。

(四)学习方式

自主预习,小组合作,自主探究,课堂展示,等。

(五)实施对策

1. 创造性使用教材,对教材进行合理整合,进行语法模块教学,使用导学案落实知识点。

2. 面向全体学生,实施分层教学,注重个性化辅导,培优补弱,夯实基础,提高语言的综合运用能力。

3. 使用学校的"问题导学，小组合作"英语课堂教学模式，按照听说课、阅读课、复习课、试卷讲评课教学流程授课，提高课堂教学效率。

4. 借助学校的英语节、英语角、英语社团和研学旅行等英语综合实践活动的开展，拓宽学生的英语学习渠道，培养英语学习兴趣，增强英语学习自信心。通过活动中的自主学习、同伴互助、小组合作等学习方式养成自主、合作、探究的学习习惯。

5. 通过拓展英语课外阅读、英语电影赏析等活动开阔学生的视野，并引领学生理解文化内涵，比较文化异同，汲取文化精华，培养民族自豪感、家国情怀和社会责任心，形成正确的价值观，坚定文化自信，形成自尊、自信、自强的良好品格，具备一定的跨文化沟通和传播中华文化的能力。

六、评价活动／成绩评定

（一）评价原则

综合考虑课程标准所规定的语言技能、语言知识、情感态度、学习策略和文化意识等五个方面的目标要求及特点，根据学生实际情况，确定评价标准，选择评价内容，实现形成性评价与终结性评价相结合。形成性评价要有利于监控和促进教与学的过程，通过不同形式的反馈给学生提供具体的帮助和指导。坚持激励原则，使学生通过参与展现自己学习进步的各种评价活动，获得成就感，增强自信心，有效调控自己的学习过程。终结性评价应采用不同类型的综合性和表现性的评价形式，以口试、听力和笔试相结合的方式，综合考查学生的语言运用能力，应根据教学的阶段性目标确定评价的内容和形式，可以包括口语、听力、阅读、写作和语言知识运用等部分。结合学校的"生生班干部"小组合作管理模式，坚持以学生为主体的多元化评价体系，并要切实注意处理教学与评价的关系，切实保障评价对教学效果的促进作用。

（二）评价内容

1. 过程性评价成绩（40%）：学生课堂综合表现占20%，记录在班级日志课堂表现栏里；学生作业情况占10%，记录在作业评价本中；学生周词汇竞赛成绩占10%，记录在平日成绩里。作业情况与课堂表现评价见表6.2.1。

表 6.2.1　作业与课堂表现评价

作业情况（10分）						单次课堂表现（10分）			
书写工整、页面整洁美观	3分	正确无误	3分	按要求完成，无遗漏	4分	参与课堂活动态度积极	5分	口语流利，表达正确、得体	5分
书写较工整、页面整洁	2分	少量错误并纠错	2分	晚交或有遗漏	2分	参与课堂活动态度较积极	3分	口语表达基本正确、得体	3分
书写欠工整、页面脏乱	1分	全错	0分	抄袭或不交	0分	参与课堂活动态度不积极	1分	口语表达不连贯	1分

2. 终结性评价成绩（60%）：单元检测（10%），期中检测成绩（20%），期末考试成绩（30%）。

3. 学生个人学期总体评价见表 6.2.2。

表 6.2.2　学生个人学期总体评价

学生姓名	过程性评价（40%）			终结性评价（60%）			总分
	课堂综合表现（20%）	作业情况（10%）	周词汇竞赛（10%）	单元检测（10%）	期中检测（20%）	期末检测（30%）	

第三节　七年级上学期生物学科课程纲要

课程名称：生物

课程类型：国家课程（必修）

教材版本：人民教育出版社

适用年级学期：七年级上学期

总课时数：32

一、与本学期相联系的国家课程标准陈述

绿色植物对生物圈的存在和发展起着决定性作用。绿色植物通过它的生命活动直接或间接地为其他生物提供食物和能量，并对维持生物圈中的碳氧平衡和水循环发挥着重要作用。绿色植物分布广泛，与人类生活的关系十分密切。

教学中，教师要帮助学生形成以下重要概念：

1. 植物的生存需要阳光、水、空气和无机盐等条件。

2. 绿色开花植物的生命周期包括种子萌发、生长、开花、结果与死亡等阶段。

3. 绿色植物能利用太阳能（光能），把二氧化碳和水合成贮存了能量的有机物，同时释放氧气。

4. 在生物体内，细胞能通过分解糖类等物质获得能量，同时生成二氧化碳和水。

5. 植物在生态系统中扮演重要角色，它能制造有机物和氧气，为动物提供栖息场所，保持水土，为人类提供许多可利用的资源。

高等绿色植物中的粮食作物、蔬菜、瓜果、花卉等都是人类种植栽培的主要对象，在作物、花卉中有许多适合学生观察、探究的内容，教师应积极组织学生开展各种探究活动，加深学生对相关知识的理解，提高学生运用知识解决实际问题的能力。

二、课程标准、教材、学情综合分析

义务教育阶段的生物学课程是自然科学领域的学科课程，其精要是展示生物科学的基本内容，反映自然科学的本质。它既要让学生获得基础的生物学知识，又要让学生领悟生物学家在研究过程中所持有的观点以及解决问题的思路和方法。生物学课程期待学生主动地参与学习过程，在亲历提出问题、获取信息、寻找证据、检验假设、发现规律等过程中习得生物学知识，养成理性思维的习惯，形成积极的科学态度，发展终身学习的能力。学习生物学课程是每个未来公民不可或缺的教育经历，其学习成果是公民素养的基本组成。义务教育阶段的生物学课程是国家统一规定的、以提高学生生物科学素养为主要目的的学科课程，是科学教育的重要领域之一。

环境教育是以人类与环境的关系为核心，以解决环境问题和实现可持续

发展为目的,以提高人们的环境意识和有效参与能力、普及环境保护知识与技能、培养环境保护人才为任务,以教育为手段而展开的一种社会实践活动过程。环境问题是由于人口增长、现代科技和现代生产力迅猛发展所产生的问题。因此,人类对生存环境恶化的担忧导致了环境教育的应运而生,其原始的动机还是来自人类对自身生命的关爱和珍惜。简而言之,环境教育就是以人类与环境的关系为核心而进行的一种教育活动。

七年级上学期学生正处在小学进入初中的过渡时期。通过小学科学课程的学习,学生知道了与周围常见事物有关的浅显的生物学知识,初步了解了科学探究的过程和方法,有了科学地看问题、想问题的意识。具有探究生物学知识的好奇心与求知欲,形成了大胆想象、尊重证据、敢于创新的科学态度。这为进一步学习七年级上册"生物和生物圈""生物体的结构层次""生物圈中的绿色植物"这三大主题奠定了知识和能力基础。

三、课程目标

(一)生物和生物圈

1. 通过观察,比较实物、图片,能区分生物与非生物,并能举例说明生物的基本特征。

2. 通过设置情景、提供科学方法和学习资料,引导学生了解并能说出调查的一般方法;通过调查周边环境中的生物,能描述生物及其生活环境,初步学会做调查记录。

3. 通过对一片草地、一个池塘、一块农田等生境的研究,加深对生物与环境关系的认识,能概述生态系统的组成。通过讨论和分析生物圈中的生物因素和非生物因素、食物链和食物网以及能量流动、物质循环的情况,描述生态系统中的食物链和食物网,并能举例说出某些有害物质会通过食物链不断积累。

4. 通过融合环境教育七年级 4.1 人类之友中脆弱的朋友、和谐相处等内容,形成热爱大自然、爱护生物的情感,理解人与自然和谐发展的意义,提高环保意识。

5. 通过设计"光对鼠妇生活的影响"探究实验,初步学会生物科学探究的一般方法,发展提出问题、做出假设、制订计划、实施计划、得出结论、表达和交流的科学探究能力。在科学探究中不断发展合作能力、实践能力和创新能力。

（二）生物体的结构层次

1. 通过实验练习使用显微镜，说出显微镜的基本构造和作用。通过用显微镜观察池塘水中的微小生物、字母"e"的装片，学会使用显微镜。

2. 通过给学生提供多种动植物材料，制作临时装片，进行观察、比较和归纳，学会临时装片的制作方法，能区别动、植物细胞结构的主要不同点及各部分的功能。

3. 通过资料分析、讨论，观察玻片标本，阐明细胞是生命活动的基本结构和功能单位，并能描述细胞分裂的基本过程，识别动植物的几种主要组织，了解生物体的基本结构。

4. 通过练习使用显微镜，形成一定的实验操作能力，并能正确使用生物学实验中常用的仪器。

（三）生物圈中的绿色植物

1. 通过实物、图片观察比较，概述藻类、苔藓、蕨类和种子植物的主要形态、结构特点、生活环境及其与人类生活的关系。同时，通过学生收集、分析资料的过程，培养学生收集、鉴别和利用课内外的图文资料及其他信息的能力。

2. 通过视频、动画演示、实验探究，描述被子植物的一生，描述种子的萌发、植株的生长、开花和结果的过程。

3. 通过小组合作，设计实验方案，进行实验探究，阐明绿色植物的光合作用、呼吸作用和蒸腾作用的原理及其对生物圈的意义和在实际生活中的应用。

4. 通过融合环境教育相关内容，描述我国主要的植被类型，说出我国植被面临的主要问题，形成爱绿、护绿的意识，积极参加绿化祖国的活动。通过设计绿化校园的方案，初步学会运用所学的生物学知识分析和解决某些生活、生产或社会实际问题，增强环保技能。

四、学习主题／活动安排

本课程教学活动安排见表 6.3.1，共 32 课时。

表 6.3.1　生物教学活动安排

课程内容			课时	学习内容		活动支持	与环境教育融合点
单元	章	节		层级	具体内容		
1 生物和生物圈	1.1 认识生物	1.1.1 生物的特征	1	基础	1. 知道什么是生物,能区分生物与非生物。2. 举例说明生物的基本特征	观察、比较实物、图片,对生物的基本特征进行归纳和概括	融合环境教育七年级 4.1 人类之友中同住地球村的内容,作为资料呈现,让学生感知生物的主要类群
		1.1.2 调查周边环境中的生物	1	基础	1. 说出调查的一般方法,初步学会做调查记录。2. 描述周边环境中的生物及其生活环境	创设情境,如《从百草园到三味书屋》中的文字,引导学生关注基本的调查方法主要内容和分类等	
				拓展	关注周边生物的生存环境	完成一篇调查报告,内容包括时间、地点、天气、调查路线,所见生物的种类、数量和生活环境	融合校本课程:认识校园植物

续表

单元	课程内容 章	节	课时	学习内容 层级	具体内容	活动支持	与环境教育融合点
1 生物和生物圈	1.2 了解生物圈	1.2.1 生物与环境的关系	2	基础	1. 举例说出水、温度、空气、光等是生物生存的环境条件。 2. 举例说明生物和生物之间有密切的联系。 3. 举例说出生物能够适应和影响环境。 4. 探究非生物因素对某种动物的影响	1. 向学生提供某些生物的区域分布资料，讨论温度、水、空气、光等因素对生物生活的影响。 2. 通过室外观察和室内实验，探究影响鼠妇（或蚯蚓等）分布的环境因素	
				个性化	1. 概述植物的主要特征以及它们与人类生活的关系。 2. 探究"土壤潮湿程度"对鼠妇生活的影响	1. 在学校生物园或附近的小池塘、农田等环境中调查生物之间的关系，形成调查报告。 2. 学生自主设计实验过程，进行探究，形成探究报告	融合校本课程：创新实验探索

续表

课程内容			课时	学习内容		活动支持	与环境教育融合点
单元	章	节		层级	具体内容		
1 生物和生物圈	1.2 了解生物圈	1.2.2 生物与环境组成生态系统	2	基础	1. 概述生态系统的组成。 2. 列举不同的生态系统。 3. 描述生态系统中的食物链和食物网。 4. 举例说出某些有害物质会通过食物链不断积累。	1. 讨论和分析生物圈中的生物因素和非生物因素、食物链和食物网以及能量流动、物质循环的情况。 2. 收集和交流不同生态系统的资料。 3. 收集和交流超过生态系统的自动调节能力而使生态系统受到破坏的实例	融合环境教育七年级 4.1 人类之友中脆弱的朋友、和谐相处的内容，作为资料，学生自己编织食物网，感知一种生物遭到破坏时的影响，理解生态系统的自动调节能力是有限的，领会人与自然和谐发展的意义
				个性化	阐明生态系统的自我调节能力是有限的	设计生态校园建设方案	

续表

课程内容			课时	学习内容		活动支持	与环境教育融合点
单元	章	节		层级	具体内容		
1 生物和生物圈	1.2 了解生物圈	1.2.3 生物圈是最大的生态系统	1	基础	1. 阐明生物圈是最大的生态系统 2. 确立保护生物圈的意识	1. 收集和交流不同生态系统的资料。 2. 让学生通过各种途径调查、收集生物圈的相关资料,模拟召开"国际保护生物圈"研讨会,结合本地实际讨论如何保护生物圈	融合环境教育八年级2.1现代农业.3.3美在和谐,理解生物圈是一个统一整体,是最大的生态系统,引导学生理解并认同人与自然和谐发展的理念
				拓展	探讨人类活动对生态平衡的深远影响	设计保持和提高某个生态系统稳定性的方案,形成热爱自然、人与自然和谐共处的观念	
				个性化	制作含生物种类多少不同的小生态瓶	经过长时间的观察,认识生物种类多少对生态系统稳定性的影响	融合校本课程:模型制作

续表

课程内容			课时	学习内容		活动支持	与环境教育融合点
单元	章	节		层级	具体内容		
2　生物体的结构层次	2.1　细胞是生命活动的基本单位	2.1.1　练习使用显微镜	1	基础	1. 说出显微镜的基本构造和作用。 2. 使用显微镜观察到清晰的图像。 3. 认同显微镜的重要作用，爱护显微镜。关注科学与技术相互促进的关系	1. 用显微镜观察池塘水中的微小生物。 2. 观察字母 "e" 的装片	
		2.1.2　植物细胞	2	基础	1. 举例说出标本的基本类型。 2. 认识植物细胞的基本结构。 3. 学习制作植物细胞临时装片的基本方法。 4. 使用显微镜观察植物细胞，练习绘制植物细胞结构简图	1. 给学生提供多种植物材料，通过制作临时装片，进行观察、比较和归纳。 2. 对学生的临时装片操作技巧进行测试评价	
				拓展	制作植物细胞结构模型	自选材料，如卡纸、绿豆、黄豆、棉线等，制作动物细胞结构模型	融合校本课程：模型制作

续表

课程内容			课时	学习内容		活动支持	与环境教育融合点
单元	章	节		层级	具体内容		
2 生物体的结构层次	2.1 细胞是生命活动的基本单位	2.1.3 动物细胞	1	基础	1. 认识动物细胞的基本结构，说明动物细胞与植物细胞基本结构的异同点。2. 制作人的口腔上皮细胞临时装片，并使用显微镜观察。3. 尝试制作动物细胞模型。4. 认同细胞学说是19世纪自然科学三大发现之一	通过制作口腔上皮细胞临时装片，进行观察。结合多种动物细胞的图片，归纳动物细胞的结构，并与植物细胞结构相互比较	
				拓展	制作动物细胞的结构模型	自选材料，如橡皮泥，制作动物细胞模型	融合校本课程：创新实验探索
				个性化	1. 观察红细胞的吸水胀破过程。2. 观察洋葱鳞片叶表皮细胞失水皱缩的过程	1. 观察红细胞在生理盐水和清水中的状态，深化理解细胞吸水胀破的含义。2. 观察洋葱鳞片叶表皮细胞在生理盐水和清水中的状态，深化理解细胞失水皱缩的含义	融合校本课程：创新实验探索

续表

课程内容				学习内容		活动支持	与环境教育 融合点
单元	章	节	课时	层级	具体内容		
2 生物体的结构层次	2.1 细胞是生命活动的基本单位	2.1.4 细胞的生活	1	基础	1. 说明细胞的生活需要物质和能量。细胞膜能控制物质进出细胞,细胞质中的叶绿体和线粒体是能量转换器。 2. 描述细胞核在生物的发育、遗传和细胞生命活动中的重要作用。 3. 阐明细胞是生命活动的基本结构和功能单位。 4. 认同生物体结构和功能相适应的生物学观点。	1. 动画展示或指导学生从网络中查找有关方面的资料。 2. 资料分析小羊多利的身世	
				拓展	描述在正常情况下细胞衰老和死亡是一种自然的生理过程	通过媒体等直观手段,认识到细胞的分裂、分化、衰老与凋亡是正常细胞的生命现象,认同生命运动的连续性以及生命运动过程中由量变到质变的质发展观	融合校本课程:创新实验探索

续表

课程内容			课时	学习内容		活动支持	与环境教育融合点
单元	章	节		层级	具体内容		
2 生物体的结构层次	2.2 细胞怎样构成生物体	2.2.1 细胞通过分裂产生新细胞	1	基础	1. 描述细胞分裂的基本过程。 2. 说出生物体的细胞数目是通过细胞分裂不断增加的。 3. 说出染色体在细胞分裂前先进行复制,之后均分为完全相同的两份进入两个新细胞中	观察洋葱根尖细胞分裂的切片(注意细胞分裂过程中有染色体的变化)	
				拓展	演示动植物细胞分裂过程	提供材料,学生自主制作动植物细胞简易模型,描述细胞分裂过程,尤其是细胞核中染色体的变化过程	融合校本课程:模型制作
				个性化	了解癌细胞		融合校本课程:创新实验探索

续表

课程内容				层级	学习内容	活动支持	与环境教育融合点
单元	章	节	课时		具体内容		
2 生物体的结构层次	2.2 细胞怎样构成生物体	2.2.2 动物体的结构层次	1	基础	1. 说出组织的定义，概述人体的各种组织是由细胞分裂、分化形成的。2. 识别人体的四种基本组织。3. 描述人体的结构层次：细胞、组织、器官、系统、个体	1. 使用显微镜观察人体四种基本组织的切片。2. 观察细胞、组织、器官（系统）等不同层次的的结构，养成认真仔细的态度	
				拓展	通过"尝试找伙伴"游戏，理解系统的概念	卡片游戏，在卡片上写上器官名称：鼻、咽、喉、气管、支气管、肾脏、输尿管、膀胱等，让学生按照一定的标准归类	
		2.2.3 植物体的结构层次	1	基础	1. 概述植物体的各种组织是由细胞分裂、分化形成的。2. 识别植物体的几种主要组织。3. 描述植物体的结构层次：细胞、组织、器官、个体	使用显微镜观察植物体几种基本组织的切片	
				拓展	通过角色扮演，深入认识植物各器官的功能	自主选材制作植物各器官外形，进行角色扮演，理解植物体各器官的功能及其相互联系	
				个性化	绘制动、植物体结构层次图	自选方式绘制动、植物体结构层次图	融合校本课程：创新实验探索

续表

课程内容			课时	学习内容		活动支持	与环境教育融合点
单元	章	节		层级	具体内容		
2 生物体的结构层次	2.2 细胞怎样构成生物体	2.2.4 单细胞生物体	1	基础	1. 说明单细胞生物可以独立完成生命活动。 2. 举例说明单细胞生物与人类生活的关系。 3. 使用显微镜观察草履虫，进一步强化显微镜操作技能	1. 观察草履虫取食、运动、趋性实验。 2. 提供单细胞生物与人类关系的小资料	
				拓展	生物体对外界刺激做出一定的反应	观察草履虫对食盐和肉汤刺激做出的反应	融合校本课程：创新实验探索
3 生物圈中的绿色植物	3.1 生物圈中有哪些绿色植物	3.1.1 藻类、苔藓和蕨类植物	1	基础	1. 概述藻类、苔藓和蕨类植物的主要形态、结构特点和生活环境。 2. 举例说明藻类、苔藓和蕨类植物与人类生活的关系	观察藻类、苔藓、蕨类植物的图片、实物和标本	
				拓展	理解银杏、松是裸子植物的原因	通过解剖实物，认识银杏、松果的内部结构，深度理解银杏、松是裸子植物的原因	

续表

课程内容			课时	层级	学习内容 具体内容	活动支持	与环境教育融合点
单元	章	节					
3 生物圈中的绿色植物	3.1 生物圈中有哪些绿色植物	3.1.2 种子植物	2	基础	1. 说出种子的基本结构。描述菜豆种子和玉米种子的相同点和不同点。 2. 概述裸子植物、被子植物的主要特征及其与人类的关系。 3. 识别当地常见的裸子植物和被子植物	进行实验，观察玉米种子和菜豆种子的结构，对比分析结构的异同点	
				拓展	观察多种裸子植物的种子、被子植物的果实	学生自主采集种子带到学校观察、交流、总结	融合校本课程：模型制作
	3.2 被子植物的一生	3.2.1 种子的萌发	2	基础	1. 描述种子萌发的环境条件和自身条件。 2. 描述种子萌发的过程	分组设计对照实验探究种子萌发的环境条件	
				拓展	引导学生了解抽样检测的重要性	测定种子的发芽率	
				个性化	体验黄豆、花生等的栽培过程	观察从种子到成熟植株的生长发育以及开花结果的整个过程，配置观察记录的照片，形成观察报告	融合校本课程：创新实验探究

续表

课程内容			课时	学习内容		活动支持	与环境教育融合点
单元	章	节		层级	具体内容		
3 生物圈中的绿色植物	3.2 被子植物的一生	3.2.2 植株的生长	1	基础	1. 描述芽的发育和根的生长过程。2. 说明绿色植物的生活需要营养物质	1. 实验观察根毛和根尖的结构，显微镜观察根尖永久切片。2. 观察芽的结构示意图。3. 演示实验说明植物的生长需要水和无机盐	
				拓展	爱护绿色植物	为班级或家庭中的植物浇水、施肥	
		3.2.3 开花和结果	2	基础	1. 概述花的基本结构。2. 概述传粉和受精的过程，阐明花与果实和种子的关系	1. 小组合作用放大镜观察花的基本结构。2. 多媒体呈现植物开花、传粉、受精，结果的过程	
				拓展	了解人工授粉	观看人工辅助授粉的视频	
				个性化	绘制花的结构、受精过程、受精后子房各部分发育情况示意图	选取合适的方式绘制花的结构、受精过程、受精后子房各部分发育情况示意图，并展评	融合校本课程：模型制作

续表

课程内容			课时	学习内容		活动支持	与环境教育融合点
单元	章	节		层级	具体内容		
4 绿色植物的三大作用	4.1 绿色植物与生物圈的水循环		2	基础	1. 说明植物体内水分运输的途径。 2. 解释气孔控制水分和二氧化碳进出叶片的机制。 3. 描述绿色植物在生物圈的水循环中的作用。 4. 认识叶片的结构。 5. 描述绿色植物的蒸腾作用及其意义。	1. 观察叶片的结构实验。 2. Flash 动画演示	
				拓展	1. 认识叶片是蒸腾作用的主要器官。 2. 比较植物叶片正面、背面气孔数目的多少	1. 设计实验证明叶片是蒸腾作用的主要器官。（课前做实验，以实验结果引入课题） 2. 将一片刚摘下的叶片浸在盛有 70 ℃左右热水的烧杯中，观察现象并尝试解释原因	
				个性化	比较不同植被环境中大气的湿度	收集或实测不同植被环境中大气的湿度数据，并进行比较分析	融合校本课程：创新实验探究

续表

| 课程内容 | | | 课时 | 学习内容 | | 活动支持 | 与环境教育融合点 |
单元	章	节		层级	具体内容		
4 绿色植物是生物圈中有机物的制造者（三大作用）	4.2 绿色植物通过光合作用制造有机物		2	基础	1. 阐明绿色植物通过光合作用制造有机物。 2. 运用实验的方法检验绿叶在光下制造有机物。 3. 概述绿色植物制造的有机物不仅用于构建植物体，还养育了生物圈中的其他生物	1. 探究光合作用的条件和产物。 2. 列举若干种动物所吃食物，并分析这些食物与绿色植物的关系	
				拓展	认同绿色植物制造有机物对于生物圈的重要意义	有人说："包括人类在内的其他生物是'攀附'着植物的茎蔓才站在这个星球上的。"请你谈谈对这句话的理解	
				个性化	1. 探究光合作用的场所。 2. 观察叶绿体中产生的淀粉颗粒。 3. 光是绿色植物光合作用必不可少的条件。光对绿色植物的生活还有什么影响呢？可就"叶绿素的形成是否与光有关？"这一问题进行探究	1. 利用银边天竺葵设计实验，证明光合作用的场所是叶绿体。 2. 从变成蓝色的天竺葵的叶片上撕下一块表皮，制成装片，放在显微镜下观察，观察保卫细胞里的淀粉颗粒 3. 写出实验方法，步骤及结果，形成探究报告（配有图片或视频）	融合校本课程：创新实验探究

续表

课程内容			课时	学习内容		活动支持	与环境教育融合点
单元	章	节		层级	具体内容		
4 绿色植物的三大作用	4.3 绿色植物与生物圈中的碳-氧平衡	4.3.1 光合作用吸收二氧化碳释放氧气	2	基础	1. 阐明光合作用的概念。 2. 运用实验的方法独立设计并完成探究活动"二氧化碳是光合作用必需的原料吗?"。 3. 举例说明光合作用原理在农业生产上的应用	1. 分组探究二氧化碳是光合作用的原料吗? 2. 演示实验:光合作用产生氧气。 3. 调查生产、生活中利用植物光合作用原理的有关措施	
				拓展	探究光照强度对植物光合作用强弱的影响	在家中自主完成,提交探究报告(配有图片或视频)	融合校本课程:创新实验探究
		4.3.2 绿色植物的呼吸作用	1	基础	1. 描述呼吸作用的过程。 2. 说出呼吸作用是生物的共同特征。 3. 认同绿色植物在维持生物圈的碳-氧平衡中的重要作用	1. 萌发的种子呼吸作用的三个演示实验。 2. 调查生产、生活中利用植物呼吸作用原理的有关措施	
				拓展	认同呼吸作用是生物的共同特征	探究绿色植物花、果实、根、茎、叶等部分的呼吸作用	
				个性化	分析温度对植物呼吸作用强弱的影响	提供资料分析	融合校本课程:创新实验探究

续表

课程内容				学习内容		活动支持	与环境教育融合点
单元	章	节	课时	层级	具体内容		
4 绿色植物的三大作用	4.4 爱护植被、绿化祖国		1	基础	1. 描述我国主要的植被类型，说出我国植被面临的主要问题。2. 阐明爱护植被、绿化祖国的重要意义。3. 设计绿化校园的方案。4. 形成爱绿、护绿的意识，积极参加绿化祖国的活动	开展校园或社区绿化设计，并积极参与相应的活动	1. 融合环境教育七年级3.2 伤病缠身了解水土流失、土地沙化、耕地减少等植被面临的主要问题。2. 融合环境教育八年级第五单元绿色家园校园的内容，设计绿化校园的方案，如：创意设计环保标志。3. 创建绿色校园，你准备为学校做些什么
				个性化	探究影响水土流失的主要因素	通过实验明确影响水土流失的主要因素，分析人类可以采取哪些措施防止水土流失，并形成探究报告	融合环境教育七年级3.2 伤病缠身做一做栏目的实验

五、评价活动/成绩评定

与学校对学生的学期考核表彰相联系,评价结果用于评选生物单科优胜个人。评价方法如下:考核表彰成绩以百分制呈现,其中过程性评价占 40 分,期末纸笔测验成绩占 60 分。过程性评价(40 分)＝ 课堂得分(10 分)＋ 实验表现(10 分)＋ 个性化探究表现(10 分)＋ 作业表现(10 分)。具体评价标准见表 6.3.2。

表 6.3.2　过程性评价标准

评价内容	评价标准	分值
课堂得分(10 分)	课前候课准备、课上回答问题、展讲等得分,每节课的优胜小组成员每人获得 2 分。累计一学期得分按 10% 计算	学期个人得分 ×10%
实验表现(10 分)(从 8 个必做且可行性强的探究实验中抽测)	安全规范操作,合理选择和使用仪器、试剂进行实验	3 分
	认真观察、客观记录实验现象	3 分
	能够分析实验现象、数据,得出正确的结论	2 分
	实验后保持实验台整洁	2 分
个性化探究(10 分)(共 13 个可选)	在备选的个性化探究实验中,每完成一次并按时提交成果,选中在科技节中展示的可得分	一次得 2 分,最多得 10 分
作业表现(10 分)	不按时上交作业或非独立完成	一次扣 2 分
	作业正确率不高或订正不及时	一次扣 1 分
	书写不规范、不整洁	一次扣 1 分

实验表现中 8 个探究实验如下:

(1)观察字母"e"的装片。

(2)制作并观察植物细胞临时装片。

(3)制作并观察人口腔上皮细胞临时装片。

(4)用显微镜观察人体的四种基本组织或植物体的几种主要组织。

(5)观察草履虫取食、运动、趋性实验。

(6)实验观察玉米种子和菜豆种子的结构,对比分析结构的异同点。

(7)探究光合作用的条件和产物。

(8)探究二氧化碳是否是光合作用的原料。

第四节　七年级下学期历史学科课程纲要

课程名称：历史

课程类型：国家课程（必修）

教材版本：部编本（人民教育出版社）

适用年级学期：七年级下学期

总课时数：25

一、与本学期相联系的国家课程标准陈述

隋朝的建立结束了数百年的政权分立状态，它创建的科举制度逐渐成为后世选拔官员的主要途径。唐初统治者改良政治，发展生产，形成了"贞观之治"的太平局面。到开元年间，唐朝经济繁荣，社会稳定，文化发达，中外交流活跃，国力达到顶峰。此后爆发的"安史之乱"结束了这种盛世景象。

北宋的建立，结束了五代十国的分裂局面。与此同时，周边民族的相继崛起又在更大范围内形成了民族政权并立的格局。宋朝实行重文轻武的政策，利弊兼得。女真族建立的金朝，先后灭亡了辽和北宋。占据江南的南宋与金朝形成南北对峙。两宋时期，社会经济蓬勃发展，城市和国内外贸易空前繁荣，四大发明技术的成熟对人类文明的进步具有重大意义。

蒙古族建立的元朝结束了中国境内长期割裂的局面，重建了大一统国家，对西藏实施行政管辖，版图超出汉、唐，并为东西方的交流创造了条件。

明朝大力加强君主专制，一度出现强盛局面。郑和下西洋成为中国乃至世界航海史上的壮举。但明朝政治上的僵化和腐败，东南沿海倭寇的骚扰，导致政治危机不断加深。明朝最终在农民大起义和东北满族进逼的双重夹击下崩溃。

清朝建立后，经过一百多年的励精图治，形成了庞大的多民族统一国家，奠定了现代中国版图的基础。面对世界形势的剧变，清朝君臣仍旧固守旧有的对内对外政策，古老的中国已落后于世界潮流。吏治腐败加剧了社会矛盾，人口增长使人均可耕地面积下降。从 18 世纪末到 19 世纪前期，内部民众起事不断，外部资本主义列强虎视眈眈，清朝已经走向衰亡的边缘。中国封建社会到 1840 年鸦片战争爆发后逐步解体。

中华文明源远流长，绵延不断，成就辉煌，对人类进步做出了伟大贡献。

二、课程标准、教材、学情综合分析

本册教材主要讲述隋唐时期到清朝前期的历史,包括三个单元:繁荣与开放的时代、民族关系发展和社会变化、统一多民族国家的巩固与发展。本段历史主要涉及中国封建社会从鼎盛时期逐渐走向衰落的过程。

学生经过上学期历史学科的学习,具备了一定的历史基础知识和综合分析能力,为教师在教学上提供了较大的空间。但大部分学生主要靠课本获取历史知识,这就要求教师在教学中,注意充分利用现有资源,挖掘教学潜力。我校每个教室都有智慧课堂平台资源,教师能够熟练应用此平台进行教学,能借助此平台给予学生更多的历史背景资料,通过图片、配音、录像制造意境,创造浓厚的历史氛围,使学生产生亲临其境之感,激发学生的学习兴趣,使学生印象更加深刻。

其内容标准是:

(一)隋唐时期

1. 知道隋朝的统一,了解科举取士制度的创建和大运河的开通;知道隋朝灭亡的原因。

2. 知道唐太宗和"贞观之治",知道唐玄宗和"开元盛世",初步认识唐朝兴盛的原因。

3. 以文成公主入藏、鉴真东渡、玄奘西行等史实为例,说明唐代民族和睦与中外文化交流的发展。

4. 通过经济繁荣、开放的社会风气和唐诗的盛行,了解盛唐的社会气象。

5. 知道"安史之乱"导致唐朝由盛转衰;知道唐朝灭亡后五代十国的局面。

(二)宋元时期

1. 知道北宋的建立,了解宋朝重文轻武的特点。

2. 知道辽、西夏与北宋的对峙局面;了解女真族的崛起,知道岳飞抗金的事迹和南宋偏安。

3. 知道宋代南方经济的发展,理解中国古代经济重心的南移。

4. 知道成吉思汗的崛起以及蒙古军灭亡夏、金和南宋;知道元朝的统一。

5. 通过宣政院管辖西藏,知道西藏在元代正式纳入中国版图。

6. 知道宋元时期商业贸易的繁荣；了解宋元时期的都市生活和宋词、元曲的流行。

7. 通过活字印刷术的发明以及指南针、火药的应用和外传，认识中国古代四大发明对世界文明发展的贡献。

（三）明清时期（至鸦片战争前）

1. 知道明朝的建立。通过皇权的强化和"八股取士"，初步理解皇帝专权的弊端。

2. 了解郑和下西洋的航海壮举；知道戚继光的抗倭斗争。

3. 通过明长城和北京城的建筑，体会中国古代人民的智慧和创造力。

4. 知道《本草纲目》《天工开物》《农政全书》等名著，了解明代科技的成就及影响。

5. 了解李自成起义推翻明朝；知道满族入主中原。

6. 了解郑成功收复台湾和清朝在台湾的建制；知道册封达赖和班禅与设置驻藏大臣；知道西北边疆的巩固；认识台湾、西藏、新疆是中国不可分割的一部分。

7. 通过清朝经济发展和人口增长的史实，了解清朝前期的兴盛。

8. 通过军机处的设置与文化专制措施，认识君主专制在清代的极端强化。

9. 以《红楼梦》和京剧为例，了解清代文学艺术的成就和特色。

10. 通过清代中期以来的腐败现象和闭关锁国政策，了解中国开始落后于世界发展潮流。

三、课程目标

依据课程标准，知道唐太宗、唐玄宗、赵匡胤、忽必烈、朱元璋、皇太极等一些重要历史人物，学会把历史人物放在特定的历史时空下，运用唯物史观客观、公正地评价历史人物；学习各朝代的更替、贞观之治、开元盛世、澶渊之盟、元朝的统治、文字狱等历史事实，较为清晰地叙述相关的史事，并将正确的价值判断融入对历史的叙述和评判；了解中国古代历史发展的基本线索，知道古代史上不同时期的历史现象；能够识读历史图表，正确地计算历史年代，初步掌握学习历史的基本方法，学会从不同的视角对历史现象进行分析和思考，分析历史现象之间的联系、本质。运用"论从史出，史论结合"的历史学习方法,给历史思维附上"证据"意识,提升学生的历史辩证思维;能够阅读普及性的历史读物,学会阅读并理解历史读物中所呈现的历史文献、文物、图片、音像等原始资料,培养"收集史料""提取信息""解决问题""交流成果"等学科能力;不断增强学习祖国历史的兴趣,从历史的角度认识中国的具体国情,认同中华民族的优秀文化传统,树立民族自尊心和自信心,激发民族自豪感。

四、学习主题/活动安排

本课程教学活动安排见表 6.4.1,共 25 课时。

表 6.4.1   教学活动安排

主题	内容	课时	课程实施
(一) 繁荣与开放的时代	隋朝的统一与灭亡	1	1. 学以致用:秦始皇、汉武帝与唐太宗的历史功过。 2. 从文物图片和唐诗中感受唐朝的社会风尚。 3. 以文成公主入藏等故事为题材,编演历史短剧
	从"贞观之治"到"开元盛世"	1	
	盛唐气象	1	
	唐朝的中外文化交流	1	
	安史之乱与唐朝灭亡	1	
	单元检测	1	
(二) 民族关系发展和社会变化	北宋的政治 辽、西夏与北宋的并立	1	1. 探究:隋唐科举制明确规定,商人及其子弟不得参加科举考试。宋朝的科举放宽尺度,允许商人中"有奇才异行者"应举,这说明什么? 2. 举办故事会,讲述岳飞抗金、文天祥抗元等历史故事。 3. 欣赏《清明上河图》,说一说宋代城市生活中的衣食住行和风俗习惯。 4. 举办趣味诗词大挑战。 5. 分小组搜集中国古代四大发明的资料,出一期板报
	金与南宋的对峙	1	
	宋代经济的发展	1	
	蒙古族的兴起与元朝的建立	1	
	元朝的统治	1	
	宋元时期的都市和文化	1	
	宋元时期的科技与中外交通	1	
	单元复习检测	1	

续表

主题	内容	课时	课程实施
（三） 统一多民族国家的巩固与发展	明朝的统治	1	1. 绘制郑和下西洋的航行路线简图，讨论郑和下西洋的影响。 2. 史料实证，说明新疆、西藏、台湾自古就是中国的领土。 3. 手绘清代疆域四至，感受清朝前期幅员辽阔、国力强大。 4. 编制中国古代主要朝代顺序表。 5. 欣赏京剧、吕剧、茂腔等表演艺术
	明朝的对外关系	1	
	明朝的科技、建筑与文学	1	
	明朝的灭亡	1	
	统一多民族国家的巩固和发展	1	
	清朝前期社会经济的发展	1	
	清朝君主专制的强化	1	
	清朝前期的文学艺术	1	
	活动课：中国传统节日的起源	1	
	单元复习测试	2	

五、评价活动／成绩评定

课程评价分为两部分：过程性评价和终结性评价。

（一）过程性评价

过程性评价含学习过程评价、作业评价及期中测评成绩，满分 30 分。

1. 表现性评价（10 分）

表现性评价主要有课堂表现、作业表现、小组合作、展讲、质疑等，主要采用老师评价、小组评价和个人评价相结合。

评价指标：如作业评价指标，是否主动按时上交，是否独立完成，是否及时纠正错题，是否有错因分析并有改正措施。

评价等级：A 级 5 分；B 级 3 分；C 级 1 分。

2. 活动成果评价（10 分）

活动成果评价主要有史料搜集、社会调查、历史手抄报、研学感悟、历史短剧、历史小论文等。主要采用量规法、个人作品档案法等。

评价指标：如小论文字数是否达标，格式是否符合要求，能否运用唯物史观论述问题，能否围绕主题观点进行论述。

评价等级：A 级 5 分；B 级 3 分；C 级 1 分。

3. 期中测评成绩（10 分）

满分 100 分，按 10% 计入。

（二）终结性评价

期末测评成绩，满分 100 分，权重 70%。

（三）结果处理

学期总成绩 = 过程性评价成绩（30%）+ 期末测评成绩（70%）

总分 80 分及以上者为优秀，70～79 分为良好，60～69 分为合格，59 分以下为不合格。不合格者，可以申请在下学期开学的第一周进行补考。

第五节　七年级上学期音乐学科课程纲要

课程名称：音乐

课程类型：国家课程（必修）

教材版本：人民音乐出版社

适用年级学期：七年级上学期

总课时数：17

一、与本学期相联系的国家课程标准陈述

随着时代的发展和社会生活的变迁，反映近现代和当代社会生活的优秀中国音乐作品，已经纳入音乐课的教学内容。世界的和平与发展有赖于对不同民族文化的尊重和理解，应以开阔的视野学习世界其他国家和民族的音乐文化，理解音乐文化的多样性，共享人类文明的一切优秀成果。弘扬民族音乐，理解音乐文化多样性，应将我国各民族优秀的传统音乐作为音乐教学的重要内容。通过学习，学生熟悉并热爱祖国的音乐文化，增强民族意识，培养爱国主义情操。

二、课程标准、教材、学情综合分析

课程标准的制定以坚持社会主义核心价值体系为导向，为培养学生良好的审美情趣和人文素养发挥重要作用。人民音乐出版社的教材内容遵循了课程标准中要求的学生为本原则、教育性原则、科学性原则、实践性原则、综合性原则、开放性原则，更好地满足了学生生理、心理上的需求。七年级上学期的学生还有部分小学阶段的形象思维和好奇、好动、模仿力强的身心特点，要充分利用学生的自然嗓音和灵巧形体，对于部分进入变声期的学生，应渗透

变声期噪音保护知识。在实际教学中宜采用歌、舞、图片、动画、游戏等相结合的综合手段进行教学。

三、课程目标

1. 通过教材中歌唱曲目的学习，学生能够较准确地演唱课本中的五首必唱曲目，对歌唱方法有正确的了解与初步实践，具备一定的识谱能力。

2. 通过教材中欣赏内容的学习，学生能积累一定的聆听经验，了解中外经典音乐作品的情感内涵、时代背景、社会意义、文化价值，理解音乐文化的多样性。

3. 能积极参加集体歌唱、演奏、舞蹈等表演活动，在参与音乐活动的过程中掌握基本知识和基本技能，提高共同合作意识，增强集体主义精神。

4. 对音乐具有一定的兴趣爱好和审美意识，能对日常生活中尤其是网络、演出和影视中的音乐做出正确的价值评判。

5. 通过本学期音乐课的学习，学会在兴致所至或心理失衡时选择合适的音乐调节情绪、平和心理，学会用合适的形式与作品参与集体音乐活动。

四、学习主题／活动安排

本课程教学活动安排见表 6.5.1。

表 6.5.1　音乐教学活动安排

周次	教学内容			课型	课时
	单元	课题	学习内容		
第 1 周		《彩色的中国》	1. 学唱歌曲。 2. 学习休止符、连音线、反复记号、3/4 拍的指挥图式	唱综课	1
第 2 周	（一） 歌唱祖国	《中华人民共和国国歌》 《多情的土地》	1. 学唱国歌，欣赏《多情的土地》。 2. 学习三连音、附点节奏、常见演唱形式，介绍词曲作者	欣综课	1
第 3 周		《爱我中华》 《走向复兴》	1. 欣赏分析作品。 2. 学习二拍子、四拍子的指挥图式、强弱规律等	欣综课	1

周次	教学内容			课型	课时
	单元	课题	学习内容		
第4周	（二）缤纷舞曲	《青年友谊圆舞曲》	1. 学唱歌曲。 2. 体会三拍子圆舞曲的音乐特点	唱综课	1
第5周		《溜冰圆舞曲》《雷鸣电闪波尔卡》	1. 欣赏作品，介绍约翰·施特劳斯。 2. 介绍波尔卡、圆舞曲的舞曲特点、拍子，学习常用的变音记号。 3. 介绍管弦乐的乐队编制	欣综课	1
第6周		《蓝色的探戈》《彝族舞曲》	1. 欣赏作品，讲解琵琶的相关知识。 2. 介绍探戈的舞曲特点及其拍子	欣综课	1
第7周	（三）草原牧歌	《银杯》《牧歌》	1. 学唱《银杯》，对比欣赏《牧歌》。 2. 了解长调、短调、一段体等音乐知识	唱综课	1
第8周		《牧歌》《天边》	1. 学唱长调《牧歌》。 2. 欣赏无伴奏合唱《牧歌》，介绍作曲家瞿希贤。 3. 欣赏歌曲《天边》	欣综课	1
第9周		《美丽的草原我的家》《万马奔腾》	1. 欣赏蒙古族歌曲。 2. 介绍马头琴、变换拍子、齐·宝力高	欣综课	1
第10周	期中考查（抽查三首必唱曲目演唱情况、音乐知识小测验）			复习课	1
第11周	（四）欧洲风情	《桑塔·露琪亚》	1. 学唱歌曲。 2. 了解船歌的音乐特点、拍子、二段体	唱综课	1
第12周		《我的太阳》《伏尔加船夫曲》	1. 赏析分析歌曲，了解男高音、男低音音色特点。 2. 介绍帕瓦罗蒂、力度记号	欣综课	1
第13周		《友谊地久天长》《云雀》《爱的罗曼斯》	1. 欣赏分析作品。 2. 学习竖笛吹奏《友谊地久天长》，介绍排箫、木吉他等乐器	欣综课	1

续表

周次	教学内容			课型	课时
	单元	课题	学习内容		
第14周	（五）劳动的歌	《军民大生产》	1. 学唱歌曲,介绍时代背景。 2. 学习民歌的体裁、劳动号子分类及特点	唱综课	1
第15周		《杵歌》 《船工号子》	1. 欣赏分析作品。 2. 劳动号子的介绍及赏析	欣综课	1
第16周		《哈腰挂》 《催咚催》	1. 欣赏分析作品。 2. 介绍中国五声调式音阶知识	欣综课	1
第17周	期末考查(抽查五首必唱曲目的演唱情况、音乐知识测试)			复习考试	1

五、评价活动／成绩评定

（一）过程性评价

过程性评价见表6.5.2,满分30分。

表6.5.2　过程性评价

评价项目	评价内容标准及办法	分数	总分
学习态度 （10分）	学习用品准备齐全得5分,主动带齐学习用具2/3课时及以上者得3分,组长记录		
	不迟到,不早退,按时到音乐教室上课,满分5分。迟到3次以内扣2分,超过3次扣5分,组长记录		
感受与鉴赏 （10分）	能哼唱出所学音乐作品的主题,说出作者及音乐所属体裁。根据学生表现给分,最高5分		
	上课积极专注,对音乐要素有所了解,并能较准确地感受作品的情绪等特点。教师根据学生表现给分,最高5分		
课外学习 （10分）	能根据学习内容查找所需资料并在组内分享交流。小组互评,组长记录,最高5分		
	能认真、按时完成教材五个单元的课后作业,满分5分,缺一次扣1分		

（二）终结性评价

终结性评价见表 6.5.3,满分 70 分。

表 6.5.3　终结性评价

评价形式	评价内容	分数	总分
笔试(30 分)	乐理及音乐常识小测验		
个人或小组艺术测试(40 分)	必唱曲目:节奏、旋律准确,音色优美,音量适中,较准确地表现音乐情绪		
	课堂乐器:指法正确、音色优美、乐句连贯、气息控制好		

（三）学期总评

1. 过程性评价占总评的 30%,终结性评价中的笔试和汇报展示占总评的 70%,折合后算出总分。

2. 学生的音乐学习成绩以等级制出现:总分为 85 分以上的为优秀, 70～84 分为良好,60～69 分为合格,60 分以下的为不合格。学期总评成绩不合格者,可按学校规定申请补考。

第七章

构建学校课程的内容体系

学校执行课程体系的核心是内容体系,按照"三级课程整体建设"的理念,内容体系应涵盖国家课程、地方课程和校本课程的全部内容。因此,需要以整合的思维来综合考虑内容体系的架构,在保证国家课程完整性的前提下,既要厘清地方课程融入课程体系的思路方法和可行路径,也要系统设计原有校本课程、社团课程以及综合实践活动的课程地位,还要开发与国家课程、地方课程融合配套的,适应信息技术环境,适应学生差异化发展的课程资源和精品特色课程。

第一节　地方课程内容的学科归属

一、设置地方课程内容学科归属的基本思路

在整体性构建学校课程体系的过程中,遵循"三级课程整体建设"的理念,为保证地方课程有效融入学校执行课程体系,需要把地方必修课程的全部内容有机融入相关学科的教学内容中,需要确定地方课程内容的学科属性。在研制《青岛西海岸新区实验初级中学学校课程方案》时,我们提出了两条基本思路:

1. 山东省和青岛市面向初中生的地方课程按单元的内容属性确定学科归属,内容属性不够明确的以跨学科整合的形式归入一个或多个学科的拓展内容中。

2. 地方课程所占用的课时量按归属内容的比例加入相应学科课程中。

以山东省义务教育必修地方课程教科书(试用)《安全教育》(八年级)为例(表 7.1.1),该教科书共有 9 课,其中第 5 课为"如何安全用药",具体内容为"处方药和非处方药;抗生素;药物中毒",与现有生物课本内容重复较大,因此把该内容归入生物学科,且不必增加课时。

表 7.1.1 《安全教育》八年级课程内容的学科归属

课程目录	具体内容	学科范围	归属学科	课时
1. 怎样预防与应对校园暴力	校园暴力案例、类型及应对方法	道德与法治	道德与法治	1
2. 如何避免上当受骗	案例再现;常见骗术类型;网络诈骗;应对方法	道德与法治,信息技术	道德与法治;信息技术(网络安全)	1
3. 遇到敲诈、抢劫、绑架、恐吓时怎么办?	案例:碰瓷、"借"钱、抢夺、绑架、匿名电话及其应对	道德与法治	道德与法治(内容重复)	1
4. 让家远离危险	用火安全;用电安全;装修安全;用气安全;防盗	物理(电),化学,道德与法治	物理(重复);化学(重复)	1
5. 如何安全用药	处方药和非处方药;抗生素;药物中毒	生物	生物(大部分重复)	1
6. 避免校园中的意外伤害	教室内活动主要事项;体育课安全事项;运动会安全事项	体育	体育	1
7. 野外活动要注意安全	野外活动注意事项;中暑怎么办,迷路怎么办	综合实践活动	综合实践活动(与研学旅行重复)	1
8. 吸烟喝酒有害健康	吸烟的危害;喝酒的危害;避免二手烟;戒烟戒酒	生物	生物	1
9. 警惕网络陷阱	网络陷阱的主要表现形式;如何预防网络陷阱	信息技术(安全)	信息技术(重复)	1

二、"三表配套"确保地方课程落地

2016～2018 年,学校成立由各学科教研组长组成的子课题组,经过多次研讨攻关,把地方课程的全部内容分解到了相关学科的课程内容中。并以"三表配套"的方式展现融合方案,用三张表确保地方课程落地。

　　以地方课程《环境教育》为例,表 7.1.2 清楚地显示出七年级课程中的每一课内容融合到了哪门学科的哪一个章节中,可以对照学习。

表 7.1.2　地方课程《环境教育》(七年级)学科归属(局部)

课程目录	融合的学科	纲要中的位置
第一单元　大气		
第一课　地球外衣	生物	七年级生物第四单元第三章第一节呼吸道对空气的处理; 七年级生物第四单元第七章第三节拟定保护生态环境的计划
第二课　地球在"发烧"	生物	七年级生物第四单元第七章第三节拟定保护生态环境的计划
第三课　"空中杀手"——酸雨	生物	七年级生物第四单元第七章第二节探究环境污染对生物的影响
第四课　地球的保护伞——臭氧	生物	七年级生物第四单元第七章第二节探究环境污染对生物的影响
第二单元　水		
第一课　生命之源	生物	七年级生物第四单元第二章第一节食物中的营养物质
第二课　淡水污染	生物	八年级生物第七单元第一章第三节两栖动物的生殖和发育
第三课　蓝色国土	生物	七年级生物第四单元第七章第一节分析人类活动对生态环境的影响
第三单元　土地		
第一课　生存之本	生物	七年级生物第四单元第一章第一节人类的起源和发展
第二课　伤病缠身	生物	七年级生物第三单元第六章爱护植被绿化祖国
第三课　让绿色拥抱大地	地理	八年级地理第九章建设永续发展的美丽中国
第四单元　生物		
第一课　人类之友	生物	七年级生物第一单元第一章第一节生物的特征,第二章第二节生物与环境组成生态系统
第二课　生物多样性减少	生物	七年级生物第四单元第七章第一节分析人类活动对生态环境的影响
第三课　自然保护区	地理	八年级地理第九章建设永续发展的美丽中国

续表

课程目录	融合的学科	纲要中的位置
第五单元 能源		
第一课 文明基石	地理	八年级地理第三章中国的自然资源
第二课 无"能"为"力"	地理	八年级地理第三章中国的自然资源
第三课 开发新能源	地理	八年级地理第三章中国的自然资源

表 7.1.3 说明生物学科中的一些内容融合了哪些地方课程的内容。生物学科与环境教育课程相融合的内容见表 6.3.1。

表 7.1.3 《生物》(七年级上册)融入的地方课程内容(局部)

目录(融合的内容)	学科	纲要中的位置
七年级 4.1 人类之友中同住地球村	环境教育(七年级)	第一单元第一章第一节生物的特征
七年级 4.1 人类之友中脆弱的朋友、和谐相处	环境教育(七年级)	第一单元第二章第二节生物与环境组成生态系统
八年级 2.1 现代农业	环境教育(八年级)	第一单元第二章生物圈是最大的生态系统
八年级 3.3 美在和谐	环境教育(八年级)	第一单元第二章生物圈是最大的生态系统
七年级 3.2 伤病缠身	环境教育(七年级)	第三单元第六章爱护植被绿化祖国
八年级第五单元绿色家园	环境教育(八年级)	第三单元第六章爱护植被绿化祖国
七年级 3.1 生存之本中大地母亲的资料	环境教育(七年级)	第四单元第一章第一节人类的起源和发展
七年级 2.1 生命之源	环境教育(七年级)	第四单元第二章第一节食物中的营养物质
八年级 1.1 食品安全	环境教育(八年级)	第四单元第二章第三节合理膳食与食品安全
七年级 1.1 地球外衣中大气的成分	环境教育(七年级)	第四单元第三章第一节呼吸道对空气的处理
七年级 2.2 淡水污染、2.3 蓝色国土	环境教育(七年级)	第四单元第七章第一节分析人类活动对生态环境的影响

续表

目录（融合的内容）	学科	纲要中的位置
七年级 4.2 生物多样性减少中人类该负怎样的责任	环境教育（七年级）	第四单元第七章第一节分析人类活动对生态环境的影响
八年级 3.3 美在和谐、4.1 绿色建筑	环境教育（八年级）	第七单元第七章第一节分析人类活动对生态环境的影响
七年级 1.3 "空中杀手"——酸雨	环境教育（七年级）	第四单元第七章第二节探究环境污染对生物的影响
七年级 1.4 地球的保护伞——臭氧	环境教育（七年级）	第四单元第七章第二节探究环境污染对生物的影响
七年级 1.1 地球外衣、1.2 地球在"发烧"	环境教育（八年级）	第四单元第七章第三节拟定保护生态环境的计划
我为家乡开药方	综合实践活动（七年级）	第四单元第七章第三节拟定保护生态环境的计划

第二节　综合实践活动课程的开发与实施

一、综合实践活动课程的政策依据及课程安排

教育部于 2017 年印发的《中小学综合实践活动课程指导纲要》指出，综合实践活动课程是基于学生的直接经验，密切联系学生自身生活和社会生活，注重对知识技能的综合运用，体现经验和生活对学生发展价值的实践性课程，是国家义务教育课程计划中规定的必修课程。"综合实践活动是教师与学生合作开发与实施的。教师和学生既是活动方案的开发者，又是活动方案的实施者。""以融合的方式处理研究性学习、社区服务与社会实践、劳动技术教育、信息技术教育四个基本内容范围的关系。""不能割裂四个基本内容范围的内在联系，将综合实践活动划分为四门具体课程来开设。""根据学生活动主题或课题的实施需要，可以将每周的时间集中在一个单位时间内使用，也可将几周的时间集中在一天内使用，亦可根据需要将综合实践活动时间分散安排。"

根据这些文件精神，青岛西海岸新区实验初级中学采用学科融合和集中开设的方式实施综合实践活动课程。集中开设的课程主要采用如下三种方式：一是集中到实践基地活动。目前的实践基地有青岛西海岸新区职业中专

实践基地、即墨实践基地、学校柴火创客实践基地等。二是校内活动和有规律的社区活动。如每月一次的应急逃生演练、学雷锋纪念日的社区环境维护、重阳节组织学生到敬老院走访探望老年人等。三是采用研学旅行的方式,研学旅行可在学期内或假期里集中安排,每学期安排一周左右。

二、"研学旅行"活动课程简介

课程总目标:丰富学生学习体验,增加见识;激发学生学习初中历史、地理和生物学科知识的兴趣和求知欲;拓展学生对初中历史、地理和生物学科的学习深度;培养学生的学科思维、人文与科学精神;促进学生的科学素养和人文素养协调发展。

某次具体的研学课程,通常包括本次研学的具体行程安排、修学课程目标、学习清单、出发前物资准备、吃住行须知、安全教育、安全应急措施等。

例:一次沪杭研学课程的课程目标和学习清单。

【课程目标】

(一)人文历史、传统文化类

课程目标1:探究国际化都市的人文风情。

课程目标2:探访乌镇,了解乌镇的历史及特色。

课程目标3:感受杭州西湖的秀丽风景,寻觅隐藏在西湖美景中的古代诗词歌赋。

课程目标4:置身宋城文化主题公园,透过大型视觉演出《宋城千古情》全观宋朝古都风貌及历史。

(二)知名高校、励志筑梦类

课程目标1:通过参观同济大学和浙江大学,聆听带队辅导员的讲解,引导学生了解这两所大学的校训校风及学校的发展简史。

课程目标2:通过考察、聆听,去思考这两所大学能成为中国优秀大学的原因,并结合自身情况进行学业规划,思考自身进入名校需做好哪些准备。

(三)科学探索、综合拓展类

课程目标1:探秘上海科技馆,触摸现代新兴技术,培养科学精神,领略科技魅力。

课程目标2:参与各种形式的拓展活动,培养同学们人际沟通、创新思维、团队精神、领导组织、科学探索等能力,促进学生全面健康发展。

【学习清单】

学习清单见表 7.2.1。

表 7.2.1 学习清单

主题	学习内容	涉及学科
1 初识沪杭	1.1 收集有关上海、杭州、乌镇的影视作品、文学作品,初步感受沪杭文化	语文、地理、历史
	1.2 阅读《沪杭游学学习手册》中的沪杭介绍,发现亮点,准备在课程结束后进行对比	综合
2 都市人文	2.1 拜访上海名校,游览南京路,感受上海的教育实力与商业活力	语文、历史、政治、美术
	2.2 漫步外滩,体会历史变迁,了解从前的中外文化交往	历史、英语、美术
3 古今映照	3.1 游览城隍庙,观赏传统古风艺术,品味本土民俗	历史、语文
	3.2 探秘上海科技馆,触摸现代新兴技术,培养科学精神,领略科技魅力	物理、化学、生物、数学
4 古镇时光	4.1 游赏乌镇,欣赏江南建筑风貌,体味江南人文风采	语文、美术、地理
	4.2 比较乌镇与上海的各自特色,猜想乌镇发展状况	综合
5 学府书香	5.1 走进浙江大学,江南高校特色学风,享受校园氛围	历史、语文
	5.2 了解浙大建校历史与贡献,与高校学子深入交流,了解大学生的生活与学习	综合
6 唐风宋雨	6.1 寻梦西湖,观察西湖动植物,亲身感受诗词中的"天堂",回溯唐宋古典文化	语文、生物、历史
	6.2 踏歌宋城,观摩演义传奇,遥想千年历史	历史、美术、音乐
7 成果展示	7.1 结合之前对沪杭的了解与印象,比较课程完成后对该地的认识和体验,完成一份小作业,记录沪杭之行	综合
	7.2 选择关于沪杭的某个主题,制作自己的"印象"PPT并展示	

三、"化学与生活"活动课程简介

第一部分 课程纲要

课程名称:化学与生活

课程类型:综合实践活动

适用年级:九年级

总课时数:9

(一)课程简介

本课程主要讨论化学与生活中饮食、健康和安全等的关系,通过资料收集、合作交流、实验探究等形式使大家了解相关知识,得到正确结论,养成正确健康的生活习惯;同时增设化学小实验,感受化学变化的奇妙,进一步感受化学学科的趣味性和魅力,在实验操作中培养学生的合作探究精神。

(二)背景分析

随着教育改革的日益深入和素质教育的全面推进,学校课程的多样化和个性化呼声日益强烈,教育的均衡化与优质化已成为基础教育发展的重中之重,综合实践课程开发已经成为我国当前课程改革的一项重大举措。实施综合实践课程是实现学校的办学理念和培养目标,发展办学特色的有效途径;实施综合实践课程能更好地满足学生的兴趣和需要,促进学生的个性发展;综合实践课程的开发还可以有效提高教师的业务能力和课程开发水平。为了全面实施学校综合实践课程的开发,进一步搞好课题研究工作,根据课改精神,编制我校化学学科综合实践课程。

(三)课程目标

化学与我们的衣、食、住、行等人类生活密切相关,家庭日常使用的清洁用品、厨房用具,每日吃的各类食物,装饰用的霓虹灯,消防灭火材料等,都是化学物质。本课程主要从生活的基本事实入手,来认识化学,了解化学,让学生对化学学科产生兴趣。

1. 简单了解生活中常见物质(牙膏、食盐、小苏打、液化石油气、天然气、洗涤剂、霓虹灯、灭火器等)的一些化学知识,学会运用化学知识分析和解决与安全、健康生活有关的问题。

2. 通过资料收集、信息交流、合作研讨、调查研究、实验设计与操作等手段,激发学生的探究兴趣,培养学生的观察能力、分析能力、动手实验能力和合作探究能力。

3. 通过学习,激发学生对化学学科的兴趣,促进学生养成良好的饮食习惯和健康的生活方式。

（四）学习主题/活动安排

1. 教学进度和内容见表 7.2.2。

表 7.2.2

单元	内容	课时
第一单元 饮食中的化学	1. 自制汽水。 2. 碱性食物与智商。 3. 厨房中的化学	共 3 课时，间周 1 课时
第二单元 家居中的化学	1. 洗涤剂是怎么去污的。 2. 牙膏中的化学。 3. 灭火器的使用方法及适用范围	共 3 课时，间周 1 课时
第三单元 应用中的化学	1. 五颜六色的霓虹灯。 2. 自制酸碱指示剂。 3. 自制肥皂	共 3 课时，间周 1 课时

2. 实施要求如下：

（1）有效实施问题导学教学模式。课堂教学以问题为抓手，以思维训练为主线，以“导”促“学”。坚持以问题为核心，以探究为主线，将自主探究与合作探究相结合，把学生探究与老师引导探究相结合，充分调动学生各方面的积极因素参与课堂教学，全面提升课堂学习效益。

（2）精心设计科学探究活动。教师充分认识科学探究对于促进学生科学素养发展的独特价值，根据学生的认知发展水平，精心设计探究活动，有效组织和实施探究教学。为了突出学生的实践活动，充分发挥化学学科内容特点，重视科学、技术与社会的联系，教学中鼓励学生自主设计开发多种探究方案，鼓励学生开展家庭小实验和课外项目探究实验，作为课后作业由学生自己完成。

（3）融合运用现代信息技术手段。基于现代信息技术搭建的数字化学习平台，教师能够快速地获取并处理各种有益信息，使课堂教学具有科学性和针对性；同时也为学生提供了更多独立思考的机会和更广阔的学习空间，极大地开阔了学生的思维，多种学习方式有效支持了实验探究、研究性学习、主题项目研究等丰富多彩的深度学习活动。

（五）评价活动/成绩评定

综合实践课程开发的价值追求是学生个性的发展，教师专业发展，学生特色的突显,这就决定了评价的多元性;综合实践课程开发的过程性,决定课程评价的过程性。综合实践课程的评价着眼于学生个性的发展和能力的提高,要从师生参与程度,创造性地发挥学校办学育人的特色等方面,对综合实践课程和学生发展进行评价。

为了保证校本课程的开发质量,促进教师的专业发展,张扬学生的个性,彰显学校的办学特色,主要从三个方面对校本课程进行评价:课程教材、课程实施、学生学业成绩。

1. 课程教材评价的要素主要有:课程目标是否符合学校的办学理念和培养目标,目标是否明确清楚;课程内容的选择是否合适,所需的课程资源是否能够有效获取,内容的设计是否具体、有弹性;课程组织是否恰当,是否符合学生的身心发展特点等。

2. 课程实施评价主要是对教师教学过程的评定,包括教学准备、教学方式、教学态度等方面的评价。教务发展服务中心通过听课、查阅资料、问卷、座谈等形式,对教师进行考核,并归入业务档案。对教师评价主要是四看:一看学生选择该科的人数,二看学生实际接受的效果,三看领导与教师听课后的反馈,四看学生问卷、座谈的结果。

3. 学生学业成绩评价主要是对学生在学习过程中,知识、技能、情感、态度、价值观、学习方法等方面取得的成绩做出评价,评价要有利于促进学生个性的发展。对学生评价主要是三看:一看学生学习该课程的学时总量,做好考勤记录;二看学生在学习过程中的表现,如态度、积极性、参与状况,分别用"优秀""良好""一般""差"等形式记录在案;三看学生的学习成果,学生可通过实践操作、作品鉴定、竞赛、评比、汇报活动等形式展示成果,成绩记入成长档案中。

第二部分　单元教学方案

课程名称:化学与生活

课程类型:综合实践活动

单元名称:饮食中的化学

学科(领域):化学

适用年级:九年级

单元总课时:3

（一）背景分析

随着教育改革的日益深入和素质教育的全面推进,学校课程多样化和个性化呼声日益强烈,教育的均衡化与优质化已成为基础教育发展的重中之重。义务教育阶段化学课程必须体现时代性、基础性和选择性,既要使学生的化学素养普遍获得进一步的提高,也要为具有不同需求的学生提供更大的发展空间。

为了更好地实施国家课程的开发,进一步搞好课题研究工作,根据课改精神,编制化学学科综合实践活动课程开发方案。"饮食中的化学"这一单元是体现化学教育价值的重要内容之一。通过本单元的学习,学生能从化学的视角认识一些与饮食相关的化学知识,知道一些化学物质对生命活动的价值,从而在日常生活中形成良好的饮食习惯和科学的生活观。

通过义务教育教科书的学习,学生已经掌握了一些基本的化学知识和科学方法。在此基础上,了解厨房中相关的化学知识,知道酸性食物和碱性食物,了解人体体液的酸碱度与智商水平的密切关系等,既是对所学知识在生活领域内的进一步深化,也是对化学、生物、生理学所学知识的整合和综合运用,有利于学科之间的相互渗透。

（二）单元目标

1. 简单了解与饮食相关的一些化学知识,学会运用化学知识分析和解决与安全、健康生活有关的问题。

2. 通过资料收集、信息交流、合作研讨、调查研究、实验设计与操作等手段,激发学生的探究兴趣,培养学生的观察能力、分析能力、动手实验能力和合作探究能力。

3. 通过学习,激发学生对化学学科的兴趣,促进学生养成良好的饮食习惯和健康的生活方式。

（三）评价设计

基于上述目标,本单元的教学实施通过问题探究、交流分享、挑战自我,引导学生了解与饮食相关的化学知识,学会运用化学知识分析和解决与安全、健康生活有关的问题;通过实验探究,鼓励学生自主设计开发多种探究方案,激发学生的探究兴趣,培养合作探究和动手实验能力。

（四）学与教活动设计

本单元共设置 3 个课时。课堂教学采用问题导学信息化教学模式，以问题为核心，以探究为主线，将合作探究与实验探究相结合。如"自制汽水"，首先引导学生通过查阅汽水标识，大致了解自制汽水需要的原料，鼓励学生自主研发汽水制备的原料及步骤；然后以小组为单位自制一瓶汽水；最后引导学生深入探究汽水为何会冒泡，激发学生的探究兴趣，培养分析能力和合作探究能力。如"碱性食物与智商"，教师首先创设情境并提出问题，学生通过"活动天地"栏目学习相关化学知识；然后设置问题组引导学生交流分享，合作探究分析解决问题；最后通过挑战自我巩固释疑。课下，设置拓展探究环节，继续深入探究，激发学生对化学学科的兴趣。

第三部分　课时教学方案一例

课程名称：厨房中的化学

课程类型：综合实践活动

设计者：郭红

适用年级：九年级

（一）教学目标

1. 了解与厨房中事件相关的化学知识，了解化学与日常生活的密切关系。（基础）

2. 了解厨房中一些化学反应原理，逐步学会运用化学知识分析和解决与安全、健康生活有关的问题。（基础）

3. 调研酱油的品牌、价格、功能和销售情况，学会运用化学知识指导生活。（拓展）

（二）评价设计

1. 通过问题探究 1、2，交流分享 1、2，挑战自我，达成教学目标 1、2。

2. 通过问题探究 3、4，交流分享 3、4，拓展探究，达成教学目标 2、3。

（三）学与教活动设计

【情境引入】

化学，是一门虽深奥但有趣的学科。这门历史悠久而又充满无限活力的学科,在我们的印象中,好像离我们很遥远。事实上,化学是离我们最近的一门学科,它的影子无时无刻不闪现在我们的身旁。生活中的点点滴滴,都是我们与化学打交道的过程。如今,化学日益渗透到生活的各个方面,与人类的衣、食、住、行等方面都有密切的联系。在我们的日常生活中,厨房可以说是化学试剂的一个"基地",是我们生活中必不可少的元素。下面就让我们走进厨房来揭开它的神秘面纱吧!

【问题探究1】

厨房中的炊具

1. 铜锅(如图7.2.1)

它的优点是非常漂亮,外形美观,导热性强。缺点是新买的时候亮亮的,很好看,但是烧着烧着就黑了,不好看了。至于优异的导热性,其实和不锈钢锅、铸铁锅比起来优势不是那么明显。另外,铜虽然是人体必需的微量元素,但是过量的铜对身体极为不利,铜过量会引起恶心、呕吐、腹泻以至中

图7.2.1

毒。铜特别导热,对任何接触到它的东西,包括空气、水汽、食物等,反应都很强。铜生锈之后生成的"铜绿"及"蓝矾"是两种有毒物质,所以千万不能使用有铜锈的餐具,千万不要用没有内层或者内层已有损坏的铜锅来烹调或盛装食物,也不能用铜锅熬药。

2. 铝锅(如图7.2.2)

它的特点是轻便、耐用、加热快、导热均匀、不生锈。铝制品主要有精铝(软铝)制品和铸铝(硬铝)制品两种,材料为铝和铝合金。表面颜色可分为白色、浅黄色和其他颜色。白色的铝制品表面洁白,但金属组织疏松,其表面为自然氧化膜,膜厚仅有0.01～0.15 μm,薄而不均,很容易被机械擦伤或磨损。而黄色的铝制品是冲压制

图7.2.2

品经阳极氧化处理,使其表面生成一层浅黄色的人工氧化膜。氧化膜一般厚5～20 μm,均匀致密,在强碱作用100 s情况下其膜不会破坏。因此,浅黄色的铝制品最好,它具有美观、容易清除污垢、抗腐蚀能力比较强、耐磨性强的

特点。日常生活中,许多人喜欢用钢丝球把铝锅锅底擦得发亮,这样做虽然擦掉了锅上的污渍,但是同时也擦掉了铝制炊具表面具有保护作用的氧化膜。所以使用铝锅、铝壶等铝制炊具时,不必擦掉表层的浅黄色锈。使用铝制品时应注意不能长时间存放食品,不能盛放酸性或者碱性的食物。如果使用方法不当,容易造成铝元素溶出的现象,铝元素通过食物进入人的身体里面,长期误食铝元素会加速人体的衰老,引起智力下降、记忆力衰退与老年痴呆等多种不良的后果。

3. 不锈钢锅(如图 7.2.3)

它的特点是外观漂亮、结构精美,同时又具有耐用、耐腐蚀、防锈、易加工、不变形等优点,是炊具市场的主流产品。这是由于不锈钢锅含有铬和镍,能使钢材表面形成一层不溶解于某些介质的坚固的氧化薄膜(钝化膜),使金属与外界介质隔离而不发生化学作用。而且在许多种酸、碱、盐的水溶液中也有

图 7.2.3

足够的稳定性,甚至在高温或低温环境中,仍能保持其耐腐蚀的优点。但是如果长期接触酸、碱类食物,也会引起化学反应,所以不宜长时间盛放盐、酱油、菜汤,也不能煎药。对于任何不锈钢锅,都不要用强碱性或强氧化性的化学药剂,如苏打、漂白粉、次氯酸钠等,洗涤不锈钢锅,以免对产品产生腐蚀。不要用太大的火去加热(使用大火易导致产品变色)。

4. 不粘锅(如图 7.2.4)

不粘锅的问世给人们的生活带来了很大的方便,人们不必再担心煮肉时肉会烧焦,煎鱼时鱼片粘在锅壁上。它的特点是造型美观,款式新颖;不糊锅,便于清洗;制作的食物色泽亮丽,味道鲜美。目前市场上的不粘锅分为两种:一种是使用纳米陶瓷作为不粘涂层的不粘锅,陶瓷耐温高达 450 ℃,不产生有害物质,制作食物可以放

图 7.2.4

心食用。另一种则是特氟龙不粘锅,这种不粘锅与普通锅的外形并没有什么不同,仅仅是在锅的内表面多涂了一层聚四氟乙烯,利用聚四氟乙烯优异的导热性能、化学性能、易清洁性能和无毒性能制成了这种深受欢迎的厨房用

具。聚四氟乙烯被美誉为"塑料王",具有良好的耐化学腐蚀和耐老化的性能,"王水"也难以腐蚀它。缺点是不能使用较为坚固的物体(如铁丝球)进行刷洗;火力不能过猛,特氟龙只能耐 200～300 ℃ 的高温,因为这种高分子材料在高温下易产生对人体有害的物质。不能使用不粘锅制作酸性食物,使用特氟龙涂层的不粘锅在遇到酸性食物的时候可能会造成涂层大面积脱落。

► 交流分享 1

1. 铜锅加热为什么会变黑?(用化学方程式表示)如何设计实验探究铜生锈与哪些因素有关?

2. 日常生活中为什么不能用钢丝球清洗铝锅?

3. 这四种锅的优点和缺点各是什么?使用时应注意哪些问题?

4. 你打算选择哪种金属材料的炊具,为什么?

【问题探究 2】

厨房中的食品

1. 如图 7.2.5 和图 7.2.6 所示,请对厨房中下列物质,按照物质的组成成分不同进行分类。

小苏打($NaHCO_3$)　　食盐($NaCl$)　　蔗糖($C_{12}H_{22}O_{11}$)　　食醋(CH_3COOH)

图 7.2.5

味精(谷氨酸钠)　　洗洁精　　白酒　　矿泉水

图 7.2.6

2. 松花蛋的制作工艺与化学息息相关。制作松花蛋的主要原料有生石灰、纯碱、食盐、红茶、植物灰(含有氧化钙,氢氧化钾)。制作松花蛋的化学反应方程式如下：

$$CaO + H_2O = Ca(OH)_2$$

$$Ca(OH)_2 + Na_2CO_3 = CaCO_3 \downarrow + 2NaOH$$

如图 7.2.7 所示，松花蛋上的松花其实是经过一场化学反应产生的。蛋白的主要化学成分是一种蛋白质。禽蛋放置的时间一长，蛋白中的部分蛋白质会分解成氨基酸。你知道氨基酸吗？它的化学结构有一个碱性的氨基—NH_2 和一个酸性的羧基—$COOH$，因此它既能跟酸性物质作用，又能跟碱性物质作用，所以人们在制作松花蛋时，特意在泥巴里加入一些碱性的物质，如石灰、碳酸钾、碳酸钠等。它们会穿过蛋

图 7.2.7

壳上的细孔，与氨基酸化合，生成氨基酸盐。这些氨基酸盐不溶于蛋白，于是就以一定的几何形状结晶出来，形成了漂亮的松花。

建议：在食用松花蛋时，加点陈醋，醋能杀菌，又能中和松花蛋的一部分碱性，吃起来也更有味。

3.【实验探究】鸡蛋壳的主要成分是什么？

实验目的：＿＿＿＿＿＿＿＿＿＿＿＿＿＿＿＿。

提出问题：＿＿＿＿＿＿＿＿＿＿＿＿＿＿＿＿。

猜想与假设：＿＿＿＿＿＿＿＿＿＿＿＿＿＿＿。

实验用品：烧杯、鸡蛋壳、白醋、碳酸钠、澄清石灰水。

设计实验，填写表 7.2.3。

表 7.2.3

实验步骤	实验现象	结论

▶ **交流分享 2**

1. 你知道小苏打制作饼干的原理吗？

2. 热水瓶用久了，在瓶胆内壁上会留下一层棕褐色的水垢，怎样利用厨房中的物质将它除去？

3. 小红为妈妈设计了一份午餐食谱：米饭、清炖牛肉、麻辣豆腐。这份食谱的营养全面吗？你有什么建议？

▶ **资料卡片**

现代医学认为，食醋对治病养生有以下方面的作用：

1. 消除疲劳。

2. 调节血液的酸碱平衡，维持人体内环境的相对稳定。

3. 帮助消化，有利于食物中营养成分的吸收。

4. 抗衰老，抑制和降低人体衰老过程中过氧化物的形成。

5. 具有很强的杀菌能力，可以杀伤肠道中的葡萄球菌、大肠杆菌、嗜盐菌等。

6. 增强肝脏机能，促进新陈代谢。

7. 扩张血管，有利于降低血压，防止心血管疾病的发生。

8. 增强肾脏功能，有利尿作用，并能降低尿糖含量。

9. 可使体内过多的脂肪转变为体能消耗掉，并促进糖和蛋白质的代谢，防治肥胖。

10. 含有抗癌物质，具有一定的抗癌效果。

所以，食醋不仅是日常调味品，还具有养生功效。

【问题探究 3】

厨房中的燃料

1. 蜂窝煤（如图 7.2.8）

它主要用于家庭生火、取暖，是用无烟煤制成的蜂窝状的圆柱形煤球。煤是一种常见的化石燃料，家庭用煤经过了从"煤球"到"蜂窝煤"的演变，主要由原煤、碳化锯木屑、石灰、红（黄）泥、木炭粉等混合物基料和由硝酸盐、高锰酸钾等组成的易燃助燃剂所组成。用上述材料制成直径 100 mm 的易燃蜂窝煤试烧，其着火快、火苗高达 140 mm 以上，燃烧时

图 7.2.8

间长达 1 小时，无烟无味，燃烧完全。蜂窝煤原料广泛，成本低廉，使用方便，制作简单，省料省时，节能节资。但是用它采暖时，味道较为刺鼻，且存在较大的一氧化碳中毒的隐患，煤渣也会污染环境，因此在现代家居中已经比较少见了。

2. 液化石油气（如图 7.2.9）

随着石油化学工业的发展，液化石油气作为一种化工基本原料和新型燃料，是炼油厂在进行原油催化裂解与热裂解时所得到的副产品，由多种低沸点气体组成的混合物，没有固定的组成，主要成分是丁烯、丙烯、丁烷和丙烷。催化裂解气的主要成分及其体积比如下：氢气 5%～6%，甲烷 10%，乙烷 3%～5%，乙烯 3%，丙烷 16%～20%，丙烯 6%～11%，丁烷 42%～46%，丁烯 5%～6%，含 5 个碳原子以上烃类 5%～12%。用来生产

图 7.2.9

合成塑料、合成橡胶、合成纤维及生产医药、炸药、染料等产品。液化石油气热值高、无烟尘、无炭渣，操作使用方便，已广泛地进入人们的生活领域。此外，液化石油气还用于切割金属，用于农产品的烘烤和工业窑炉的焙烧等。

3. 天然气（如图 7.2.10）

主要成分是烷烃，其中甲烷占绝大多数，另有少量的乙烷、丙烷、丁烷和戊烷，此外还有硫化氢、二氧化碳、氮气、水蒸气及微量的稀有气体，如氦气和氩气等。天然气在送到最终用户之前，为助于泄漏检测，还要用硫醇、四氢噻吩等来给天然气添加气味。天然气不含一氧化碳，比空气轻，一旦泄漏，立即会向上扩散，不易积聚形成爆炸性气体，安全性较高。天然气几乎不含

图 7.2.10

硫、粉尘和其他有害物质，燃烧时产生的二氧化碳少于其他化石燃料，是一种洁净环保的优质能源。天然气与人工煤气相比，同比热值相当，并且天然气清洁干净，能延长灶具的使用寿命，也有利于用户减少维修费用的支出，使用起来经济实惠。随着家庭普遍使用安全、可靠的天然气，将会极大改善家居环境，提高生活质量。

▶ **交流分享 3**

1. 上述材料中，哪些燃料属于清洁能源？为什么？

2. 你认为未来最理想的燃料是什么？它的优点有哪些？目前没有广泛应用的原因是什么？

3. 冬天在室内用煤炉取暖，为什么常会发生煤气中毒事件？

4. 为了防止燃气泄漏造成危险，可在家中安装报警器。如果你家使用的是天然气，那么你家中的报警器应安装在什么位置？（高处，低处）

【问题探究4】

厨房中的安全问题

某市一农村村民结石症发病率较高,其中80%是尿路结石,尿路结石主要是钙盐结晶。小刚和小红是该村的2名学生,他们想用所学的化学知识去探究本村结石病多发的原因。请与他们一起探究。有关钙盐的溶解性资料见表7.2.4。

表7.2.4

物质	氯化钙	硫酸钙	碳酸钙	磷酸钙	草酸钙
可溶性	可溶	微溶	难溶	难溶	难溶

提出问题:＿＿＿＿＿＿＿＿＿＿＿＿＿＿＿。

猜想与假设:

(1)尿路结石的成分可能是＿＿＿＿＿＿＿＿＿＿＿＿＿＿＿。

(2)尿路结石的成因与水的硬度有关。

(3)尿路结石的成因与饮食习惯有关。

设计实验:证明该村饮用水为硬水。(请写操作步骤及实验现象)

调查了解:

(1)本村村民喜欢食用该村王老汉土法制作的豆腐、豆花(含$CaSO_4$)。

(2)通过问卷调查发现,该村有尿路结石的家庭一般经常食用菠菜、竹笋、洋葱等含草酸、草酸盐的蔬菜。

结论:该村村民多发结石症主要是因混合食用豆腐、豆花和菠菜、竹笋、洋葱等含草酸、草酸盐的蔬菜造成的。

▶ **交流分享4**

1. 请写出草酸钠($Na_2C_2O_4$)与$CaSO_4$反应的化学方程式＿＿＿＿＿＿＿
＿＿＿＿＿＿＿＿。该反应的类型为＿＿＿＿＿＿。

2. 通过探究,小刚和小红向村民提出什么建议?

▶ **资料卡片**

黄曲霉素,是一种毒性极强的剧毒物质。

1993年,黄曲霉素被世界卫生组织定为1类致癌物,其毒性是砒霜的68倍,是氰化钾的10倍,致癌能力是二甲基亚硝胺的70倍,对肝脏组织的破坏性极强。经常摄入可能增加患肝癌风险。因此,日常生活中要注意以下问题:

（1）小心选购。粮油制品一定要购买正规厂家生产的。购买食品尽量选小包装,包装破损的坚决不能要。如果发现一个坏的,最好整包扔掉。坚果最好买带壳的。奶类、肉类也要到正规的大超市去买,最好是可追溯来源的。尽可能不要囤积食品。

（2）干燥储存。储存谷类、豆类时,要选择阴凉、干燥、通风处。木筷子半年或一年更换一次。洗后的餐具沥干水悬挂放置,筷子头部朝上。每次使用前最好再用流水冲洗一次。

（3）认真清洗。黄曲霉素多存在于籽粒的表面,烹饪花生、玉米等食物前要淘洗干净,搓洗可去除表面附着的毒素。在碱性条件下,黄曲霉素可转化成一种可溶于水的物质,故可以用小苏打水洗涤去除。

（4）科学食用。一旦吃到苦味或哈喇味的坚果,一定要马上吐掉并漱口,不要偷懒。生花生最好先用水浸泡、漂洗一下再烹饪。普通食物不宜久存,尽量不要吃家里的剩饭剩菜。再次强调:食物发霉就一定不要再吃了。做菜之前的一个小动作能帮助消除一定量的黄曲霉素,即:炒菜时把油倒进锅里加热,再放入少量食盐,搅拌 $10\sim20$ s,食盐对黄曲霉素的中和、降解,可以去除约 95% 的黄曲霉素。

【盘点提升】

家庭厨房实际上就是一个化学世界,炊具、燃料、调味品等都是化学物质,它们使用的背后蕴含有丰富的化学知识,同时食品卫生、家庭安全问题也关系到我们的身体健康和幸福生活,让我们认真学习化学知识,做家庭小卫士吧!

【挑战自我】

1. 国际上推广使用中国的铁锅,这是因为　　　　　　　　（　　）

A. 导热性能好

B. 价格便宜

C. 铁中含有有机物必含的碳元素

D. 易使食物中含人体所需的铁元素

2. 家庭厨房中的很多日常用品都是由金属材料制成的,你认为下列做法（或说法）不合理的是　　　　　　　　　　　　　　　　（　　）

A. 铝锅比较耐用,是因为铝锅表面有一层致密的氧化物薄膜。铝锅一般不能用来盛放醋、酸梅汤等

B. 为防止菜刀生锈,通常将菜刀用完后洗净、擦干

C. 用不锈钢制成的厨房日用品不易生锈。这是因为在普通钢中添加铬、镍等合金元素改变了钢铁内部结构

D. 铜具有紫红色的金属光泽,用铜制的锅看起来美观,尽管它易产生少量有毒的铜锈,但是由于铜的传热能力次于银,所以铜还是做炊具的首选材料

3. 燃烧柴火时,通常把柴火架空一些,会燃烧得更旺,这是因为　　　（　　　）

A. 散热的速度加快

B. 聚集的热量增加

C. 柴火的着火点降低

D. 柴火与空气的接触面积增大

4. 厨房中的下列物质与水混合,不能形成溶液的是　　　　　　　　（　　　）

A. 食盐　　　　　B. 食醋　　　　　C. 纯碱　　　　　D. 花生油

5. 食盐、食醋、纯碱均是家庭厨房中常用的物质,利用这些物质,能够完成的实验是　　　　　　　　　　　　　　　　　　　　　　　　　（　　　）

① 检验自来水中是否含有氯离子;② 除去热水瓶中的水垢;③ 区分食盐和食醋;④ 制无壳鸡蛋

A. ①②　　　　　B. ①③　　　　　C. ①④　　　　　D. ②③④

6. 味精是烹制菜肴时常用的调味品,其主要成分是谷氨酸钠。谷氨酸钠有鲜味,易溶于水。小阳发现某品牌味精包装上标注"谷氨酸钠的含量 $\geqslant 80\%$, $NaCl$ 含量 $\leqslant 20\%$ "。他想测定此味精中 $NaCl$ 的含量(谷氨酸钠的存在不影响 $NaCl$ 的性质)。

（1）下面是他所做实验的有关步骤,请补全实验步骤:

① 称取该味精样品 $5.0\,g$,并溶于蒸馏水中;

② 加入过量的_____溶液;

③ 过滤;

④ 用蒸馏水反复洗涤沉淀多次;

⑤ 将沉淀烘干,称量,得到固体质量为 $2.87\,g$ 。

（2）据上述实验步骤回答下列有关问题:

① 过滤操作所需要的仪器除烧杯、铁架台(带铁圈)、玻璃棒外,还需要_____。

② 检验沉淀是否洗净的方法是＿＿＿＿＿＿＿＿＿＿＿＿＿＿＿。

③ 此样品中 NaCl 的质量分数为＿＿＿＿＿＿＿＿；是否符合其包装上标注的标准？

（3）味精的鲜味与溶液的酸碱度有关，当 pH 为 6～7 时鲜味最强；味精的鲜味还与温度有关，其水溶液经 120 ℃以上长时间加热，不仅鲜味消失，还对人体有害，试想一想，使用味精时应注意什么问题？（答两点即可）

【拓展探究】

调研一下目前超市中主要有哪些酱油的品牌，对他们的价格、功能、销售情况做一个简单的比较和分析，哪些品牌的酱油里含有味精（化学名称：谷氨酸钠，含有味精的酱油不适宜爆炒）？宣传所学知识，帮助市民学习购买酱油的正确方法。

第三节　开发与国家课程融合配套的课程资源体系

一、配套课程资源开发

学校组织各学科骨干教师担任主编，采用主编负责制，编制与国家课程融合配套且适应我校学生差异化发展的课程资源，编制的依据是改写后的各学科课程标准和我校自主研制的课程纲要。经过 2017～2020 年每个寒暑假的集中编写和日常应用中的边用边改，完成了配套资源并逐步完善。其中涵盖 9 个学科的纸质版部分由吉林大学出版社出版，涵盖所有学科的电子版部分以"微课知识树"等形式共享在学校网络平台上。表 7.3.1 是学校编制完成的融合版课程讲义文本部分的统计情况。

表 7.3.1　已完成的讲义（截至 2020 年 2 月）

序号	学科组	主编	上册页码	下册页码	全一册页码	配套教材出版社
1	初一语文	梁晓静	75	55		人民教育出版社（部编本）
2	初二语文	赵秀英	137	79	190	人民教育出版社（部编本）

续表

序号	学科组	主编	上册页码	下册页码	全一册页码	配套教材出版社
3	初三语文	姜　霞	121	105	255	人民教育出版社（部编本）
4	初一数学	杨丽萍	120	126		北京师范大学出版社
5	初二数学	朱宝斌	261	201		北京师范大学出版社
6	初三数学	张宗敏 乔芳荣	283	301		北京师范大学出版社
7	初一英语	刘文锋	252	179		人民教育出版社
8	初二英语	逄　杰	230	275		人民教育出版社
9	初三英语	周　平			397	人民教育出版社
10	初一历史	刘加云	90	137		人民教育出版社
11	初二历史	孟兆莲	129	95		人民教育出版社
12	初三历史	何艳红			291	人民教育出版社
13	初一地理	殷子萍			224	湖南教育出版社
14	初二地理	隋秀伦			184	湖南教育出版社
15	初一生物	管晓娟	161	121		人民教育出版社
16	初二生物	李桂兰	130	120		人民教育出版社
17	初一道德与法治	蔡万斌	167	124		人民教育出版社
18	初二道德与法治	林殿莉	100	135		人民教育出版社
19	初二物理	王本强			167	人民教育出版社
20	初三物理	李　娟	159	212		人民教育出版社
21	初三化学	李立岩 薛建军			309	山东教育出版社
22	信息技术	晁吉勇 张瑞梅			262	青岛出版社
23	音乐	杨建华			181	人民音乐出版社
24	美术	窦秋婷			200	人民教育出版社
25	体育	陈国华 李本海			63	人民教育出版社

二、设计开发"导学单"

（一）"导学单"简介

"导学单"就是教师依据学生已有知识及认知水平，为指导学生进行主动知识建构而设计的学习方案。"导学单"设计与开发是学校执行课程内容体系建设的重点内容，是"问题导学"教学模式顺利实施的基本保障。

"导学单"注重对学生学习的全过程进行设计，体现在关注课堂学习的内外联系，关注不同学科的课堂学习，关注所有学习过程等方面。"导学单"的教学设计，始终围绕学生学习的自然规律进行全程设计，充分体现课前、课中、课后的发展和联系，基本环节有：学习目标—学前准备—问题探究—知识梳理—学习体会—自我检测—拓展延伸—知识链接。

（二）数学互动式导学单

数学组老师借助信息技术开发了数学互动式导学单，实现了学生与学案的互动，受到学生欢迎。

互动式导学单是学生使用的有一定交互功能的学习资料，是数字化资源的一部分。数学学科的互动式导学单以帮助学生理解数学为目的，选用几何画板等有较好兼容性的动态数学软件作为集成平台，把文本、图片、按钮、动画等要素集成在一个文件中，供学生选用。其主要功能如下：

1. 提示。在互动式导学单中，对于解释、答案、内容细化、图片放大等提示类内容，可以设置热文本或按钮，使需要提示的内容处于隐藏状态，学生单击后显示，阅读后可以重新隐藏。

2. 实验探究。互动式导学单最有价值的部分就是学生对数学对象的操作，借助这些操作，学生进行实验探究，并在此过程中理解数学概念和数学原理。设计实验探究本质上就是课件制作，只是把课件镶嵌在学案中了。比如，学习"丰富的图形世界"这一章中点动成线、线动成面等知识时，可以让学生单击动画按钮启动事先设置好的动画，还可以追踪某个点或某条线，让学生在拖动中体会相应的数学道理。学习棱柱等概念时，可绘制棱柱的动图，让学生进行诸如改变棱柱的形状、给棱柱的顶点和棱等加注标签等操作。对于正方体的表面展开图，可设计交互滑块让学生控制表面的展开等。从初中数学的起始章节开始进行这样的自学和训练并长期坚持，可实现学生数学素养和技术素养的同步提升。

3. 链接资源。对于功能或界面复杂的课件,如大型拼图、坐标系中"变化的鱼"等,可以设计独立的课件页面,通过按钮链接到此页面中。对于网络资源以及存放位置固定的本地资源,包括音视频等,亦可通过超链接进行关联。

互动式导学单的编制通常以单元或章为单位,每单元一个文件,每节课的教学内容设置一个几何画板页,并在使用过程中不断完善。

编制互动式导学单要求教师有较高的课件制作水平,在校域内应以培植骨干教师开发为宜。

三、"导学单"一例

下面是七年级上册数学的一个"导学单"案例。

课题:制作一个尽可能大的无盖长方体形盒子

设计:刘同军

教师寄语:在数学中,我们发现真理的主要工具是归纳和模拟。([法]拉普拉斯)

(一)学习目标

1. 能通过画展开图、剪、折等方法,把一张正方形纸制作成一个无盖的长方体形盒子,在这一过程中发展空间观念。

2. 能在制作长方体形盒子的过程中发现变量,并用数学关系式表示变量之间的关系,在这一过程中发展符号意识。

3. 能借助信息技术等手段探索并推断变量的变化趋势,发展合情推理的能力。

重点:经历完整的活动过程,并能借助信息技术手段有效探索盒子容积与减去的小正方形边长之间的关系。

难点:探索问题的思路,做出推断的方法。

(二)评价设计

1. 通过课前准备,问题探究 1,达成学习目标 1;通过问题探究 1,反馈练习 1,问题探究 2 等达成学习目标 2;通过问题探究 1,反馈练习 1 和 2 等达成学习目标 3。

2. 能达成 3 个学习目标,态度认真,过程严谨,作业有创新,可得 A 等级;能达成 3 个学习目标,态度认真,作业符合要求,可得 B 等级;不能全部完成

3个目标,或态度不够认真,但作业按要求完成,可得 C 等级;不能全部完成3个目标,且作业不能按要求完成,得 D 等级。

（三）课前准备

用一张正方形的纸制作一个无盖的长方体形盒子。

（四）学习活动设计

展示你课前制作的无盖长方体形盒子,交流制作方法。

【问题探究1】

如图7.3.1所示,把一张正方形纸的四个角上各剪去一个边长相等的小正方形,折叠后就能得到一个无盖的长方体形盒子。

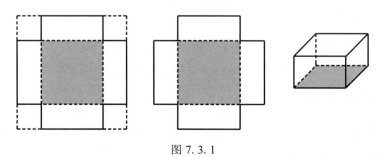

图7.3.1

（1）剪去的小正方形的边长与折成的无盖长方体形盒子的高有什么关系?

（2）如果设这张正方形纸的边长为 a,剪去的每个小正方形的边长为 h,你能用 a 和 h 表示这个无盖的长方体形盒子的容积吗?

点拨提升:

长方体的体积 = 底面积 × 高

反馈练习1:

把一张边长为 20 cm 的正方形纸的四个角上各剪去一个边长为 3 cm 的小正方形,折叠后就能得到一个无盖的长方体形盒子,求这个无盖的长方体形盒子的容积。

【问题探究2】

在问题探究1中,思考:

1. 如果正方形纸的边长 $a = 20$ cm,剪去的小正方形边长为 h,折成的盒子的容积为 V。

（1）怎样用 h 表示 V？

（2）填写表 7.3.2，并制作成统计图（可借助计算器或计算机）。

表 7.3.2

h/cm	1	2	3	4	5	6	7	8	9
V/cm^3									

（3）观察表中的数据和统计图，当小正方形的边长 h 从 1 到 9 增加时，所得到的无盖长方体盒子的容积 V 是如何变化的？

（4）观察表中的数据和统计图，当 $h =$ ____时，V 取得最大值，此时 $V =$ ____。

（5）你认为通过改变 h 的值，还能使 V 的值变得更大吗？

2. 如果剪去的小正方形的边长 h 按 0.5 cm 的间隔取值，V 的值能变得更大吗？试按下述步骤探究。

（1）借助计算器或计算机，填写表 7.3.3，并制作成统计图。

表 7.3.3

h/cm	2	2.5	3	3.5	4	4.5	5
V/cm^3							

（2）观察这些数据或统计图，可以看出，当 $h =$ ____时，V 取得最大值，此时 $V =$ ____。

（3）你认为通过改变 h 的值，还能使 V 的值变得更大吗？

点拨提升：

当 h 在 1～9 之间从小到大变化时，V 的值经历了一个由小变大转而又由大变小的过程。

反馈练习 2：

如果剪去的小正方形的边长 h 按 0.1 cm 的间隔取值，试按下述步骤探究 V 的取值情况。

（1）借助计算器或计算机，填写表 7.3.4，并制作成统计图。

表 7.3.4

h/cm	3.1	3.2	3.3	3.4	3.5	3.6	3.7	3.8	3.9
V/cm^3									

（2）观察这些数据或统计图，可以看出，当 $h =$ ＿＿＿时，V 取得最大值，此时 $V =$ ＿＿＿。

（3）你认为通过改变 h 的值，还能使 V 的值变得更大吗？怎样改变呢？

【问题探究 3】

如果继续探究上述问题，你会怎么做？

【盘点提升】

在探索的过程中，h 取的单位间隔越小，得到的 V 的最大值就越准确。

【作业超市】

借助计算机，完善并继续本节课的探索过程，撰写一份关于本课题的研究报告。要求：

（1）研究报告至少包括标题，研究的问题，研究的方法、过程、步骤，得出的结论。

（2）研究报告可以独立撰写，也可以以小组为单位撰写，一周内完成。

四、特色精品课程开发

学校鼓励老师开发特色课程，鼓励老师对已有课程认真修订，不断提升课程质量，以打造精品课程。窦秋婷老师主编的《纸艺》，李娟、王本强等老师创编的《物理天地》，李立岩、薛建君等老师创编的《化学与生活》等，先后获青岛市精品课程；刘同军老师研发的《动态数学》专题课程在 2020 年新冠疫情期间在山东教育电视台播出。这里仅举例介绍。

第一部分　课程纲要

课程名称：行知山海间

课程类型：校本特色课程

适用年级：七年级

总课时数：10

（一）课程简介

本课程从青岛西海岸新区众多的研学资源中选取了 10 处代表性资源，全方位呈现新区的山、海、港等特色资源，组织学生开展研学旅行方案设计及研学旅行实践活动等教学内容，可以充分了解学生的研学需求，将课程教学与实践相结合，促进书本知识和生活经验的深度融合。通过一系列体验式活动激发学生学习兴趣,从而深度培养学生的区域认知能力、综合思维能力、地理实践能力和团队协作能力,为后续开展远距离研学打下坚实基础。

(二)背景分析

研学旅行是由教育部门和学校有计划地组织安排,通过集体旅行、集中食宿等方式开展的研究性学习和旅行体验相结合的校外教育活动。古人云:"读万卷书,行万里路。"开展研学旅行是将读书与行路两者完美结合的一种重要方式。

研学旅行要充分考虑学生的年龄结构、心智特点和研学需求,充分发挥学校或学科特色。当代初中学生具备使用现代信息技术的基本能力,获取资源或信息的能力较强。通过学习和查阅资料,学生对现代旅游的特点和构成要素、旅游资源的类型与开发、旅游景观的欣赏与利用、旅游规划与设计等有了一定的认识,为自主开发研学旅行方案提供了知识保障。

研学旅行活动是学生集体参加的体验活动,对于人数较多的学校来讲,学期内开展远距离、大规模的研学旅行比较困难,因而必须在一定的区域内进行,学校所在的区域成为研学旅行的主要区域。青岛西海岸新区是青岛市面积最大的行政区,新区山海资源丰富、历史文化悠久、产业类型多样且经济发达、交通便利,开展研学旅行的自然和人文条件得天独厚。

(三)课程目标

1. 知识与技能

(1)理解并掌握"研学旅行""旅游规划""旅游景观欣赏"等知识。

(2)了解青岛西海岸新区自然地理特征,领略新区文化风情,体会家乡经济发展状况。

(3)学会搜集旅游信息,根据旅游资源状况,确定旅游点,选择合理的旅游路线。

(4)通过设计旅行方案,提升学生地理实践能力、区域认知能力、综合思维能力。

2. 过程与方法

(1)通过网络、APP、书刊、实地调查等方法,学生学会利用多渠道搜集旅游信息。

(2)通过设计研学旅行方案,学生掌握如何结合需求和生活经验,选择或设计合理的旅游线路、方式等。

3. 情感态度与价值观

（1）通过研学活动方案设计，激发学生了解家乡、热爱故土的情感。

（2）通过研学旅行活动，使学生获得集体活动、公共道德等方面的体验，增进生生、师生情感。

（3）培养学生文明旅游意识，养成文明旅游行为习惯。

（四）学习主题/活动安排

具体内容见表 7.3.5。

表 7.3.5

学习主题			活动安排
单元	课题	课时	
（一）研学旅行知多少	研学旅行与大众旅行有什么不同？	1	以知识讲解、小组交流、案例呈现等教学形式，引导学生初步了解研学旅行，感受研学旅行的特点，明确研学旅行的意义，激发研学旅行的兴趣
	我们在研学旅行中能学到什么？	1	
（二）研学旅行的设计与实践	1. 我的研学我做主——如何设计研学路线及活动	1	课题 1 作为出发前的设计课程，引导学生通过自我设计、小组合作、教师指导等方式合理规划接下来的行程并形成方案；课题 2～7 按照研学准备、研学主题、研学路线、研学开展、收获反思、研学评价等环节，开展研学活动的设计与实践
	2. 走进鱼鸣嘴，拾趣"天涯海角"	1	
	3. 走进唐岛湾公园，感受湿地之美	1	
	4. 走进马濠公园，探秘古老运河	1	
	5. 走进董家口，感受世界之最	1	
	6. 走进藏马山，寻觅文化渊源	1	
	7. 走进小珠山，寻美峰峦叠嶂	1	
（三）盘点与收获	研学旅行的感悟与交流	1	开展感悟与交流主题活动，邀请班主任、家长代表、教师代表和同学们一同分享研学旅行中的见闻、收获和感悟

（五）评价活动 / 成绩评定

见表 7.3.6。

表 7.3.6

评价项目	评价等级及标准			自评得分	小组评分	教师评分
	A（10～9分）	B（8～7分）	C（6分及以下）			
研学参与	积极参与，能较好地完成任务	积极参与，基本能完成任务	参与少，不能按时完成任务，或完成任务质量差			
团队合作	团结合作，在小组中起领导作用，能主动帮助同学，提出合理化建议	帮助协调推动小组工作，鼓励其他成员，对小组学习有贡献	参与小组的学习活动，但表现不积极，经常做旁观者			
安全纪律	安全意识极强，注意安全，不脱离集体活动，遵纪守时	安全意识强，不脱离集体活动，遵纪守时	经常需要提醒注意安全，有时脱离小组单独活动，不守时			
任务完成	开展过程科学，结论明确，数据真实，内容完整	开展过程合理，数据基本齐全，有结论	开展过程不清晰，结论不明确，数据记录不完整			
反思感悟	认真总结，做出美篇质量高	能记录研学所感，有所收获	应付了事，研学感悟反思不深刻			

第二部分　课时教学方案一例

课程名称：行知山海间

课时名称：走进鱼鸣嘴，拾趣"天涯海角"

课程类型：校本特色课程

适用年级：七年级

（一）课时目标

1. 知识与技能

学会使用手机 APP 导航工具，设计行程，安排路线，选择合适的交通工具到达鱼鸣嘴指定集合地点，学会使用地图判读地理位置和经纬度等信息；学会使用手机 APP 搜索美食,订阅景点门票,确定中午用餐地点;学会使用"形色识花"等手机 APP,辨认各种植物。

2. 过程与方法

观察寻找鱼鸣嘴由传统的小渔村海产养殖业为主升级到以旅游业为主的证据,了解产业升级的概念;寻找观察鱼鸣嘴的聚落演变的过程,寻找特色民居海草房,了解海草房逐渐消失的原因;分析鱼鸣嘴的优势和不足,探讨鱼鸣嘴未来可持续发展思路。

3. 情感态度与价值观

培养学生的团体分工和协作能力,培养创新精神;加深学生对家乡的了解和热爱。

(二)学与教活动设计

见表 7.3.7。

表 7.3.7

任务	活动安排	学生活动	能力拓展
（一）明确地理位置	1. 利用手机电子地图,查看鱼鸣嘴街道办事处所在位置的具体经纬度,判读所处的温度带、干湿区、气候类型等相关信息	查到所处地点的地理位置是（36°N, 120°E）。青岛位于北温带,中纬度地区,温带季风气候（七年级未学习:半湿润区）	学会使用手机电子地图定位,回顾学过的温度带、纬度带,可拓展延伸120°E 是东八区的中央经线
	2. 查看手机电子地图,判读鱼鸣嘴在青岛西海岸新区的什么方位,在青岛市什么方位,并解释鱼鸣嘴被称为"青岛的天涯海角"的原因	在黄岛的东南方向,青岛的西南方向。三面环海,在整个南岛的尽头,故被称为"青岛的天涯海角"	整个南岛属于东北—西南走向,鱼鸣嘴位于南岛的最西南端。引导学生明确路线,亲身感受三面环海
	3. 寻找鱼鸣嘴的地标景点,在海岬的尽端一座高耸的航空舰标,作为航空飞行器的指示物和测绘点,并拍摄照片留念		关于高耸的航空舰标,没有找到具体的资料,并不确定我们在最南端看到的黑白相间的石碑是否就是,有待于进一步确认

续表

任务	活动安排	学生活动	能力拓展
（二）了解聚落演变	1. 实地调查拆迁的鱼鸣嘴村旧址,通过访谈周边村民,了解该村新址搬迁情况	鱼鸣嘴旧址正在拆迁中,许多房屋都已经被拆除,经过询问,村民们的新家全部搬迁到南岛小镇	
	2. 了解并寻找当地特色民居——海草房,并拍照留念		
	3. 观察海草房的结构、建筑材料并查阅资料,找出海草房建筑特色,分析海草房与自然环境的关系	南岛是一个半岛,过去交通并不便利,运输建筑材料成本高,村民多以打鱼为生,经济水平较低,而海草可以就地取材,量大,且保温、防水效果好	
	4. 通过对当地居民的访谈和查阅资料,探究海草房日益衰落的原因	海草房日益衰落主要与现在人们生活水平的提高有关,大多数居民都住进了楼房	引导学生从建筑成本、交通运输、新型建筑材料的普及、居民生活水平等方面得出答案
（三）探究产业升级	1. 调查鱼鸣嘴传统渔业的发展情况,寻找当地发展渔业的相关证据并拍照记录		
	2. 步行至顾家岛码头,沿路调查当地主要海产种类有哪些,并分析海产丰富的原因	引导学生从温度带、海洋地形等方面回答,七年级学生目前还没有接触到该方面知识,因此先做引导,以便于后面学习过程中深入理解	青岛位于北温带,海水温度适中;黄海大陆架面积广阔,而顾家岛码头是唐岛湾与外海交汇处

任务	活动安排	学生活动	能力拓展
（三）探究产业升级	3. 查找青岛西海岸新区旅游业发展规划，鱼鸣嘴划入薛家岛国家级旅游度假区，目前以发展旅游业为主。分析鱼鸣嘴发展旅游业的优势和不足	优势：优美的海滨风光（唐岛湾公园、银沙滩、中国院子、环海步栈道与骑行道等）、宜人的气候、逐渐完善的配套设施（包括酒店、渔家乐等）、景点的整体规划。 不足：整个南岛的交通还需进一步完善，节假日容易拥堵	
（四）展望可持续发展之路	1. 开展"我是环保小卫士"主题活动，树立保护海洋的观念，沿海边徒步行走时捡拾海边垃圾		
	2. 开展"我是植物小专家"主题活动，沿途利用"形色识花"APP软件，辨认出陌生植物的名称	学生拍摄一些照片后回家完成	
	3. 开展"我当城市规划师"主题活动，根据研学收获为鱼鸣嘴今后的可持续发展提出方案	发展海滨旅游业，注重环境保护，探索可持续发展之路	根据此次研学活动，为鱼鸣嘴的发展献计献策，引导学生从旅游业发展的角度提出自己的想法

第八章

智慧教育环境下的课程实施

在学校执行课程体系中,教学过程就是课程实施的过程,构建课程实施体系就是不断优化与课程内容体系配套的教学方案与教学过程,不断提升教学的品质,因此在构建课程内容体系的同时,需要同步构建课程实施体系。主要探索包括:完善优化"问题导学"教学模式,实施分层走班教学,艺体科目分模块教学,社团自治,学法重构,等等。

第一节　完善优化"问题导学"教学模式

"问题导学"教学模式是时任校长李素香提倡的一种教学模式,经历了长期的探索和实践并不断优化。问题导学是一种以学生主动参与为前提,以自主学习为途径,以问题为核心,以探究为主线,以引导为桥梁,以多维互动为形式,以全程反馈为保障,旨在培养学生自主思考和合作探究能力的课堂教学模式,目标是让学生成为"有创新精神和实践能力的人",为终身学习和发展奠定基础。

一、"问题导学"教学模式的价值追求

问题导学教学模式旨在培养师生的问题意识。教育要关注差异,尊重情感,释放潜能。苏格拉底说:"教育不是灌输,而是点燃火焰。"在21世纪成功人士必须具备的七大能力(自我管理能力、信息处理能力、有效表达能力、沟通协作能力、正确思想能力、好奇心想象力、创新变革能力)中,情商所主导的能力有6项之多。教育的起点应该立足于人成长的基本形式,人总是在遇到

问题、解决问题的过程中成长,在教育云时代,发现问题、提出问题和解决问题的能力比事实的知识更重要。"问题导学"课堂的意义在于使学生获得问题发现、问题生成、问题解决的能力,培养学生的创新思维意识、合作能力、交往能力、实践能力和创造能力,使学生学会终身学习。

问题导学教学模式旨在构建"五有"课堂:一是有效,师生互动、生生互动;二是有质,回归学生;三是有度,活动量、思维量、节奏、负担等调节适度;四是有变,预设性、生成性、机智应变;五是有神,敢质疑、敢批判、敢创新。引导学生主动地学习,使学生在知识能力、情感态度、创新精神、完整人格等方面都得到主动发展。

二、"问题导学"教学模式的课堂理念

坚持由问题开始,以问题结束,引导学生主动探究。问题导学教学模式的课堂活动,始终围绕问题而进行,整个教学过程可以概括为:提出问题—探究问题—解决问题—生成问题。

坚持以问题为核心,以探究为主线,以引导为桥梁,使学生在探究中掌握知识,在探究中提高能力。提出问题是教学过程的开端,但不是课堂教学的目的。通过学生"自主学习,独立探究;交流质疑,合作探究;师生互动,共同探究",实现教学目标,锻炼思维能力,提高综合素质。在问题导学教学模式下,教师在课堂教学中的任务不是"教",而是"导",是"引"。学生通过探究真正理解知识,通过探究正确把握知识,通过探究自主地运用知识。一个问题的解决并不意味着学习活动的结束,而是要引导学生在总结盘点中提升,在反思质疑中生成新的问题,如此循环往复。

三、"问题导学"教学模式的基本策略

抓住一个本质:让学生愿学、学会、会学。

满足两个要求:满足学生的需要,学生是学习的主人;满足发展的需要,培养学生解决问题的能力和自我发展的能力。

践行三分教育:分层达标,分组学习,分类指导。分层达标就是指学习内容是相同的,学生是有差异的。以学生发展为本,让有差异的学生享受适合的教育,通过分层达标让学生体验到成功的喜悦。分组学习就是设置6人学习小组,易于学生发现问题能力、表达能力、合作探究能力的提升。分类指导就是让潜能相近的学生得到所需要的指导,让每个学生的智慧都充分发展,潜

能都充分释放。

做到四个参与:教师要参与自学、参与讨论、参与管理、参与评价,做好倾听者、指导者、帮助者、评价者。

四、"问题导学"教学模式的课堂操作

问题导学教学模式的课堂操作注重五个环节:问题导入,呈现目标,释疑巩固,盘点提升,达标检测。

(一)问题导入

学习和思维是从疑问开始的,问题的设置只有能激发学生去解决问题,导入才是成功的,学生自主学习的目的才是明确的。

(二)呈现目标

这个目标一定是教师对学习目标的分解,细化到每一节课要让学生认识什么、了解什么、应用什么、解决什么。目标往往是问题的本质,让学生能透过问题看到本质,能通过目标的解读启发对问题的思考。

(三)释疑巩固

这是一节课的重要环节,大致上又可分为自主学习、合作探究、展示交流、质疑点拨和巩固练习5个步骤。其中,自主学习是推进问题导学的能力支撑,合作探究是推进问题导学的形式保障,展示交流是推进问题导学的重要过程,质疑点拨是推进问题导学的智慧源泉,巩固练习是推进问题导学的必要手段。

本环节可分为三个模块,即:问题一,反馈一;问题二,反馈二;问题三,反馈三。其中,第一个模块中的问题探究是学生预习课本时可以直接感知到的内容,通过阅读,80%的学生可以自己找到答案,并能学会。第二个模块中的问题探究内容既是本节课的重点,也是难点,在问题的设置上高于第一模块。学生先自主思考解决,然后组内交流,最后老师要针对各组的展示情况进行点拨,重在思路的引导、方法的提升。第三个模块的问题探究重在启迪学生生成新问题,注重培养学生提出问题的能力,用知识进行创新的能力。

"问题一"放在阅读和双基的学习上(交由学生自己解决),"问题二"放在学习的重难点上(交由学生自主学习、合作探究、展示交流来解决),"问题

一"和"问题二"主要培养学生解决问题的能力。"问题三"(交由学生质疑,教师点拨),主要是鼓励学生敢于发表自己的意见,培养不唯上、不唯书的质疑品质,提高质疑能力,从而锻炼和发展学生的思维能力,养成批判性思维习惯。

(四)盘点提升

盘点提升环节就是引导学生总结归纳本节课的主要内容,寻找解题的规律、技巧和方法,用知识树或网络图的形式梳理要点,把握重要内容,形成完整的知识体系。

(五)达标检测

达标检测注重考查本节课的知识点,面广,但难度不高,90%左右的学生都能达标,在此基础上可适当拓展。处理方式为学生展讲为主、教师补充为辅,同时给予学生足够的时间修正、反思,做到堂堂达标、人人达标。

五、问题导学的变式与教学模式群

在问题导学基本模式的基础上,各学科根据学科特点、课型特点和信息化条件等因素对问题导学模式进行变式,逐渐形成了问题导学教学模式群。

例1　语文学科根据文体不同,使用不同的问题导学模式。

散文模式:单元导入,明确目标;了解作者,掌握字词;指导朗读,整体感知;重点研读,赏析感悟;归纳写法,达标测试。

文言文模式:问题导入,明确目标;自主静读,整体感知;对照注释,自主梳理;合作学习,释疑巩固;代表讲解,质疑补充;盘点提升,达标测试。

寓言童话模式:单元导入,明确目标;检查预习,了解文体;初读课文,理清结构;想象补白,重点研读;感悟主题,拓展练习。

诗歌模式:单元导入,明确目标;指导诵读,把握音节;翻译诗句,理解诗意;整体感知,理清结构;赏析诗句,感受意境;体验情感,学习写法;达标测试,课堂小结。

记叙文模式:单元导入,明确目标;熟读课文,掌握字词;整体感知,理清文脉;品赏语言,学习写法;感悟主题,谈出启发;达标测试,课堂小结。

小说模式:单元导入,明确目标;交流预习,整体感知;分析人物,学习写法;品赏语言,归纳特点;概括主题,拓展练习;课堂小结,布置作业。

例 2　英语学科教学模式群。

英语听说课模式：复习巩固，预习检测；问题引领，明确目标；创设情境，感悟新知；听说结合，句型操练；小组合作，拓展提升；课堂小结，达标检测；小组评价，延伸拓展。

英语精读课模式：复习巩固，预习检测；问题引领，明确目标；读前热身，情境导入；速读课文，整体感知；细读课文，理解文本；理清脉络，学会写作；课堂小结，达标检测；小组评价，延伸拓展。

英语泛读课模式：① Before-reading：读前热身，情境导入；方法引领，明确目标。② While-reading：速读课文，整体感知；细读课文，理解文本。③ After-reading：小组合作，拓展延伸；课堂小结，达标检测。

英语讲评课模式：成绩分析，结果评价；小组合作，错因探究；组间交流，解疑答难；典题例析，变式练习；盘点提升，达标检测；小组评价，延伸拓展。

英语复习课模式：问题导入，呈现目标；知识梳理，整体建构；典题引导，点拨深化；达标测试，提升能力；盘点收获，拓展延伸。

2016 年以来，学校全面实施电子书包上课。2017 年秋季学期开始，升级电子书包平台为科大讯飞智能化学习平台，并依托大数据和全员电子书包项目，对问题导学的课堂五环节实施全面技术介入，通过基础前测、微课助学、依据学情数据推送差异化作业等形式对学生提供随时随地的个性化指导。

第二节　分层走班、艺体分块、社团自治

一、实施分层走班教学

分层走班是在不改变行政班属性的前提下，依据学生的学科水平差异，把学生分成不同的层次，并按不同的层次设置教学班，在教学班内进行教学的一种教学方式。其目的是使部分科目的教学最大限度地适应学生的学习基础差异和学习习惯差异，最大限度地保证每一个学生在原有的学习基础上稳步提升。

针对学生实际情况，差异是现实，分层是策略，走班是方式，关照学生的差异性是分层走班策略成功实施的基本要求。我校根据学生的学习水平和内容的难度设置分层，基础年级分两层，每科邻班配合实施，从每周一节逐渐过渡到每周半天；毕业年级分三到五层，从每周每科两节年级混合实施逐渐过

渡到全科全课时分层走班。目的就是要"见林更见树",在让课程的阳光普照森林的同时,给每棵树浇灌更适合它成长的营养。

在具体课程实施中,各级部根据年级实际情况和管理需要,设计不同的分层方式。以初三级部为例,根据期中和期末学业成绩,参考日常学习及表现情况,每个行政班把学生分为平行的 9 个小组,每个小组内按学习成绩的优劣分为 1～6 号,其中 1 号为最优,6 号为最弱。在 2017—2018 学年度,把相邻两个行政班内各组的 1、2、3 号组合为 A 班,各组的 4、5、6 号组合为 B 班,在上英语和数学两个科目时按 A、B 两个教学班分层上课,学生走班,下课后学生返回原行政班。在 2018—2019 学年度,则把 1、2、6 号重新组合成 A 班,把 3、4、5 号组合为 B 班,相邻两班重新组合后按 A、B 两个教学班分层上课,科目由英语、数学扩展到物理和化学,同时保持行政班不变,A 班中因为 1、2 号和 6 号学生差异较大,实际教学时还要对教学内容设计不同的难度并提出不同的学习要求,允许不同的进度,这样实际实施的是学生的三层分班,以此作为适应学生差异化发展的措施之一。在 2019—2020 学年度,学校设置了培优班和补弱班,把年级综合成绩前 50 名学生组成一个培优班,后 100 名学生组成两个补弱班,选派老师利用部分在校时间为学生培优补弱,周末时间利用网课自选的形式为学生提供培优资源,让不同的学生得到不同的发展,让每个学生得到充分发展。

二、艺体科目分模块教学

音乐、体育、美术教学整合了三年的教学内容,综合了学生的个性化发展需求和本校实际,开发了艺体教学课程群,构建了模块化教学新体系。

把体育课整合成游泳课程、足球课程、篮球课程、网球课程、武术课程、健美操课程、围棋课程、体操课程等十几门体育活动化教学课程;将音美课整合成声乐课程、乐器课程、舞蹈课程、素描课程、剪纸课程、陶艺课程、书法课程等十多门艺术课程。

学校组建校园交响乐团,设置校园吉尼斯体育运动会、节日庆典文艺演出、高水平的艺术节、体育节、书画展等给学生展示的机会,学校在四楼长廊设置"艺术大世界"常态化展出学生美术、书法等作品。

三、学生社团课程的开设

社团是学生为实现成员的共同意愿和爱好自愿组成,按照其章程开展活动的学生组织。社团活动课程具有鲜活性、多样性、自发性、原生态等优点，也具有学科化不明显、规范性欠缺等缺点，但其极强的活跃度、生长性、灵活性、对学生的适应性也是其他课程难以替代的。学校要求学生全员参与，在初一初二至少参加一个社团，并采用以"社团课程学生自主开发，自主实施，自我管理"为核心的"社团自治"制度，同时学生社团接受社团发展服务中心的管理。

学校制定了《社团发展服务中心章程》，从学生社团的成立、日常活动、社团成员的管理、社团的注销及交接、社团的监督管理、奖惩等方面对社团进行规范。同时建立了社团例会制度、社团审批制度、社团文化节评选制度、社团星级评选标准、优秀社长评选标准等，保障社团课程的开发和开设。

社团课程是一个动态的课程群，没有明确的学科属性和固定的课程目录。但某一个时间段内，学校的社团名录和社团数量大致可以反映社团课程的开发和开设情况。表8.2.1列出了2018年山东省"互联网＋教师专业发展"工程初中数学线下活动在学校召开时学校社团发展服务中心葛岩岩老师安排的社团活动展示目录。展示时间是下午两节课后的大课间，时长30分钟，每周二、四的这个时间段是社团的例行活动时间。

表 8.2.1　学生社团课程展示目录

（时间：2018 年 11 月 29 日 16：00—16：20）

编　号	社团名称	社　长	班级	地　点
1	A＋舞社	徐　凡	701	三楼长廊物联网教室
2	场外象棋	杨学锦	701	室外象棋盘场地
3	乐高制作模型	陈皓宇	702	702 教室
4	科技社团	管翰森	702	一楼长廊柴火创客
5	竹蜻蜓剧团	蓝子涵	702	702 教室
6	歆漫社	王　喆	702	702 教室
7	年华	朱　玲	702	702 教室
8	动漫社团	姜美旭	703	三楼长廊南微机教室
9	历史习研社	李宇健	703	703 教室
10	象棋	巩天浩	704	704 教室
11	美食社团	宋蓁蓁	704	704 教室
12	英语社团	薛赋耀	704	704 教室

编　号	社团名称	社　长	班　级	地　点
13	手工 DIY 社团	郑怡然	704	704 教室
14	墨轩社团	丁子健	705	一楼长廊书法教室
15	寒风伴小雨	曲涵瑜	705	705 教室
16	美食社	岳盈杉	705	一楼长廊生命科技校史
17	王牌篮球社	乌　钰	706	室外篮球场
18	创客社团	徐文博	706	三楼长廊北微机教室
19	知雅国学社	张宇轩	707	707 教室
20	IQ 棋社	王宏毅	708	一楼长廊史地教室
21	象棋社团	王　玮	708	708 教室
22	羽毛飞翔	付梓涵	709	室外羽毛球场地
23	美食社	邵　焕	709	709 教室
24	科学实验社	王雅淇	709	709 教室
25	动漫轻音	谭业昕	709	709 教室
26	球类社团	沈高远	710	操场
27	机器人	季政宇	712	三楼长廊机器人教室
28	有温度的广播社	杨　朔	712	712 教室
29	美食社团	李佳璇	712	712 教室
30	第五同人社团	彭丽颖	712	三楼长廊录播教室
31	黑屿繁星美社	秦雪怡	712	712 教室
32	Photography Youth	焦清瑞	713	三楼长廊南微机教室
33	Penbeat 社团	杜逸轩	713	713 教室
34	书涉（约读书房）	祁墨含	713	713 教室
35	武行天下	张馨文	713	室外孔子像走廊
36	历史社	樊一宁	714	714 教室
37	微电影社	宋昊洋	714	714 教室
38	棋牌社	王佳希	714	714 教室
39	舞蹈社	王玥淇	714	一楼长廊舞蹈教室
40	美术社	于勤喆	714	714 教室
41	美术社	傅薇语	715	715 教室
42	棋社	刘凡成	715	室外食堂门口

续表

编 号	社团名称	社 长	班 级	地 点
43	篮球摄影社	张博超	715	室外篮球场
44	阅读与分享	郑 松 舒 乔	715	715教室
45	黑成乐队（12）	宋龙祺	716	一楼长廊生命科技室
46	漫画（15人）	王 涵	716	716教室东厅
47	美食（23人）	薛梦瑶	716	716教室
48	少年棋团社	孙张小义	801	801教室东厅
49	水色斑斓	薛祥文	801	801教室
50	美味佳肴社	薛智文	801	801教室
51	梦炫足球社	程家睦	802	操场
52	小柒食社	梁家赫	802	802教室
53	绘生影社	薛 淇	802	802教室
54	民族文化与实验创新社团	丛瀚文	803	803教室
55	霓裳华服	刘 翔	803	803教室
56	希菜	马 诺	803	803教室
57	这就是篮球	张艺川	803	室外篮球场
58	隔壁班的史莱姆	陈雨杉	804	804教室
59	风暴足球	石晓雨	804	操场
60	属彩连春	徐立捷	804	804教室
61	风暴阳光	陈冠彤	805	操场
62	英语趣配音	高钰涵	805	805教室
63	大灌篮	孙正峻	805	室外篮球场
64	TALK社	刘瑞宇	806	806教室
65	π音乐社	徐俊菲	806	806教室
66	泽晨天鑫足球	王晨光	806	操场
67	优绣	张淑惠	807	807教室
68	玩转世界	孙文太	807	807教室东厅
69	民用航空研究社	魏子淇	807	807教室
70	足球社	林 浩	807	操场

编 号	社团名称	社 长	班 级	地 点
71	布糕苏尼	薛雅芝	807	807 教室
72	篮球社	薛贺文	808	室外篮球场
73	健飞羽毛球	张睿源	808	室外体育场
74	普贤书房	管心宇	808	808 教室
75	读书社	李文宇	809	809 教室
76	多彩艺术	刘容滋	809	809 教室
77	坤音娱乐	谭文赫	809	809 教室东厅
78	Soul Dance	韩彦麒	810	三楼长廊未来教室
79	WOW 团体游戏社团	郝多多	810	三楼长廊未来教室
80	球类社团	沈高远	810	操场
81	电影社团	薛雨杭	810	810 教室
82	斯美金 FC	马健乔	811	操场
83	初音社团	王艺臻	811	三楼长廊录播教室
84	英语电影社团	赵峻祺	811	811 教室
85	象棋社	张珈瑞	811	三楼长廊录播教室
86	篮球社	侯博腾	811	室外篮球场
87	羽毛球社团	石润泽	812	室外羽毛球场地
88	电脑交流社	吴家丞	812	三楼长廊北微机教室
89	软件数字社	岳江一	812	三楼长廊北微机教室
90	尽余欢	张瑞芯	812	812 教室
91	象棋社	牛拓方	813	813 教室
92	风云足球社	侯文轩	813	室外操场西南角
93	星律祭	孙浩然	813	一楼长廊舞蹈教室
94	静薄夜	苏容川	814	814 教室
95	新闻讨论社	陈妍彤	814	814 教室
96	写意绘梦艺术社	迟明倩	815	815 教室
97	喜庆篮球社	崔皓然	815	室外篮球场
98	马炮模联	马熙涵	815	三楼长廊录播教室
99	穆音之笛	丁小力	816	816 教室
100	帽子戏法足球社	刘衍麟	816	室外足球场

续表

编　号	社团名称	社　长	班　级	地　点
101	海魂篮球社	王　澍	816	室外篮球场
102	初一校读书社团			一楼阅览室
103	初二校读书社团			一楼龙圣书苑

100多门社团课程由学生自主申报、自主参与、自主管理。学生学会了尊重,懂得了合作,体会了规则,产生了领袖,生成了社会参与的意识,提高了综合素养。

第三节　借助信息技术支持学生差异化学习的实践探索

一、智能化的学习支持环境

2017年秋季学期开始,我校在原来部分电子书包实验班的基础上,实施全员电子书包上课,同时引入科大讯飞智慧教育平台进行智慧课堂教学实践。新的学习平台的引进,使得每个教学班的网络信号相对独立,稳定性、可靠性、易用性显著提升,师生使用电子书包上课的体验显著改善。对于教师而言,教授不同班级的课,只要在某个班内设置一次登录,下次进入该教室则会自动登录该班平台。对于学术报告厅、录播教室、功能教室等常态化教研场所,平台使用和在自己教室无异。2019年之后,青岛西海岸新区引入科大讯飞智慧教育平台后,把这种信息化环境拓展到学校与学校之间,极大地方便了教师的日常使用和校内外教研活动的开展。对于学生而言,无论在教室、在校园内还是在家里,登录班级后就可以享受到平台提供的所有资源,可以享受到自己的老师分享给个人或班级的个性化资源。

二、丰富可选的学习资源

全员电子书包所选平台上,每个老师可免费下载近50本正版教材和大量的配套资源。虽然学生有固定版本的教材,但是老师的备课、上课早已突破了单一版本教材的限制。该平台的数字化教材还是一个资源中心,可以把教材配套的或网络的或原创的课件、图片、音频、视频等教学资源以图标的形式拖到教材的某一页面中,需要时只需点开就可使用,大大丰富了教师的教学手段,可以说重新定义了教材样态。数字化国家教材是学校执行课程体系的重要组成部分。

每个教师在教学中，都可以根据教学需要，向班级全体学生或部分学生推送个性化学习资源，资源类型可以是文本、音频、视频、压缩包等各种类型，丰富的学习资源增加了学生的可选性，也改善了学生的数字化学习体验。

三、智慧化的教学活动

智慧化的教学环境、丰富可选的教学资源、学生学习数据的及时反馈，有效支撑了问题导学信息化模式的推进和实施，使教学活动建立在数据和证据之上，大大提升了教学活动的针对性。

教学过程中，我校选用的平台配套的工具允许教师采用手写、聚焦、放大、随机点名、即时评价、资源推送、教师屏幕推送、拍照讲解、对比讲解、多人互动、倒计时等灵活多样的形式组织教学，这些措施增强了学生的学习积极性，提升了教学的有效性。

课堂之外，市、区、校三级网课平台为不同水平的学生提供了丰富可选的网络直播课等教学资源，增加了对学生差异化学习的支持力度。

四、便捷化的学习工具

工具支持除包括平板、智能手机、电脑等硬件设备外，还包括智慧平台上的语音工具、几何画板实验工具箱等众多学科工具软件，借助这些工具，语文、英语科目很容易实现课文朗读、人机对话等学习活动，数学科目可以让学生在自主进行的数学实验中掌握知识、培养能力、积累经验、形成素养，如学习"从不同的方向看""多边形的外角和""镶嵌""图案设计"等内容。

五、多样化的学习方式

在互联网＋环境下，学生可自主选择适合自己的学习方式，实现信息技术与教育教学的深度融合。主要有以下六种：

1. 线上线下混合式学习。

一是改造升级微课知识树助学系统。学科教师按知识点分工设计录制高质量微课，再按知识体系链接成微课知识树，上传到学校资源服务平台，教师上课可以随时调用，学生无论课上课下、校内校外都可以随时在校园网上进行自主预习或复习，满足了学生差异化的学习需求。二是依托学校的智慧教学平台大量使用线上资源，也可实现学习资源的差异化精准推送。在 2020 年上半年新冠疫情期间，线上教学占据主导，疫情后线上教学成为对线下教学的补充。

2. 翻转课堂学习。

学校将微课和原有的问题导学教学模式有机融合，构建"翻转课堂"教学模式。学生的学习就从传统课堂上"老师讲学生听，课后练习巩固"翻转成了"先课前自学，然后在课堂上合作探究、内化巩固"，由"教中学"变成了"学中教"。它不仅实现了一种技术改变的教学流程，更深刻体现了观念的转变。

3. 网络空间学习。

突破了传统教学模式的时空限制，将网上空间学习与课堂教学有机结合，并充分利用碎片时间，促进教与学、教与教、学与学的互补。如针对学生头疼英语，学成"哑巴英语"的情况，英语教研组用 vHomework 英语平台进行教学改革，平台中的资源推送、口语语音测评、学习评价、徽章奖励等工具让学生真正成为学习的主人。

4. 引导式移动探究学习。

目前，学校已实现全员配备移动学习终端，学生通过移动学习终端不仅在课堂上开展内容探究，也支持在非正式学习情境（校外）中开展探究学习。借助移动终端，同伴互助、师生互动、网上查询、即时分享所学所悟。老师通过作业测评系统的大数据学习分析，即时获取作业中的问题，便于更有针对性地指导学生，使学生更高效地学习。

5. 基于设计的创客学习。

学校把"创客"纳入综合与实践类课程，通过校企联合，共建共享集学习、设计、制作于一体的 3D 打印实验室等方式，综合运用所学知识，体验和优化 STEAM 教育的教学过程，在学习中创造，在创造中学习。

6. 协同知识建构学习。

作为小组协作学习的一种典型形态，利用 ICT 技术，师生或学生之间通过交流对话、分工协作知识建构，能够促进高阶认知能力的培养。如生物学科师生的"码上植物园"，使研究性学习从口号变成实际行动。

学习方式的改变，使课堂不再是唯一的学习空间，教师不再是知识和权威的化身，学习资源随手可得，一花一木皆为课程。教科书不再是学生的唯一世界——传统意义上的课堂在学生的笑容中解构了，世界成了学生的教科

书,社会成了学生的大课堂。学生的综合素质在更为真实复杂的情境中得以
生长。

六、差异化的教学策略

课堂教学中采用六人小组的合作学习方式,充分利用学生的差异,实现
独学、对学、群学,让不同的学生分别担当指导者、协作者、展示者,培养学生
尊重差异的品质,培养学生的学习共同体意识。

针对学生的能力差异采用的策略包括:制定差异化的教学目标,选择多
样化的学习内容,设计不同难度的习题,给每位学生差异化的学习任务等。
如:杨惠艳老师除推送差异化的作业以外,还在作业平台上设置展示空间,让
学生看到别人的作业,明白人外有人、好上加好的道理,激励学生不断地挑战
自我。

针对学生的思维差异采用的策略包括:针对差异制定计划、学习目标、指
导学习策略,在逻辑性、敏捷性、独特性、深刻性、批判性等一个方面或多个方
面专门设计思维训练等。如:数学的推理训练专门训练逻辑性,可对不同的学
生设置差异化的训练题目、差异化的训练强度和差异化的训练方式。

针对学生的兴趣差异采用的策略包括:注重课堂教学与生活实践紧密结
合,利用兴趣学科与所教学科进行整合,让信息技术与课程深度融合,等等。

针对学生的气质差异,对胆汁质、多血质、黏液质、抑郁质的学生采用不
同的教学和管理策略等。

七、差异化教学实验一例

下面介绍的是英语组逄杰老师进行的一次差异化教学实验。

(一)拟解决的问题

寻找一条有效的分层教学途径,针对优生、中等生和学困生探索有效的
课上、课下词汇分层教学策略,解决以下三个问题:

1.学困生欠缺语音知识,英语学习不入门,学习自信心不足。

2.中等生词汇学习方法单一,学习兴趣不浓厚,单词记忆效果差。

3.优生词汇的语言综合运用能力不高。

(二)拟达成的目标

1.提高学生识记单词的兴趣。

2.找到词汇情境教学有效途径,提高词汇的综合语言应用能力。

（三）研究内容及过程

1. 召开样本学生会议,做了词汇学习动员,让学生明确词汇学习在中考中的重要性。发放问卷,调查学生的词汇学习兴趣、词汇学习中存在的问题、词汇学习基础、选择词汇学习层次和词汇学习方式等方面的基本情况,并对其中的一些学生进行访谈,根据问卷和访谈结果,分析学生词汇学习基本情况,引导学生选择合适的词汇学习层次和词汇学习方式。

2. 进行实验前测,从现行学习进度中选取 100 个单词,通过单词拼写、综合填空的形式对实验班和对照班的学生进行词汇测试,分析、记录测试成绩,便于与后测做好成绩对比分析。

3. 在实验班级里,结合问卷情况,参照词汇测试成绩将学生分成 A（优）、B（中）、C（差）三个层次。

4. 在实验班级里从高、中、低成绩段中分别选取 1 名学生作为重点样本,围绕词汇学习方法、兴趣、效果以及情感体验等方面进行访谈录音,做好总结分析。

5. 开展为期两个月的词汇分层教学实验。词汇教学整体设计仍然按照传统的单元集中识词的方式进行。对照班级围绕词汇的音、形、义采用传统的讲授法上课。在实验班级,通过课堂实施不同的分层教学策略和课后分层布置作业两条途径控制影响学生词汇学习效果的变量,具体操作如下:

（1）出示分层学习目标。A 层:掌握所学单词的音、形、义,能用所学词汇使用正确的语法造句子。B 层:掌握所学单词的音、形、义,能找到并背过所学单词在课本中的原句,会结合语境翻译单词的意思。C 层:掌握所学单词的音、形、义。

（2）学生自读单词,找出不会读的,A、B 两层小组合作、互助解决单词的音、形、义;教师走入 C 层,结合单词实例引导学生认识语音规律,掌握音节知识,形成先读后拼、根据音节拼读单词的正确拼读习惯,帮助他们克服畏难心理,提高学习兴趣。

（3）教师结合构词法、词性等知识,利用简笔画、肢体语言、多媒体等多种辅助手段创设单词学习情境,串讲重点单词用法,让学生认真听讲、记好笔记。

（4）设置分层练习,采用不同方法识记、运用所学词汇。A 层:用所学词汇使用正确的语法造句子。B 层:找到并背过所学单词在课本中的原句,会结合语境翻译单词的意思。C 层:使用平板 QIUZLET 软件,通过软件上的英汉互译、匹配、猜词等单词游戏辅助掌握所学单词的音、形、义。

（5）分层达标测试。根据所学词汇，设置不同的达标测试题目：A层采用选择单词并用单词的适当形式填空和重点单词造句题型，B层采用根据所给汉语使用单词的正确形式完成句子的题型，C层采用单词英汉互译的题型。

（6）结合达标情况总结各层学习情况，分层布置作业。A层拓展阅读2篇，整理好词好句。B层巩固所学词汇，背过书上含有新单词的句子。C层借助QIUZLET软件、电子书包电子教材的辅助背过单词，完成电子书包朗读作业。

6.实验结束后，对实验班和对照班的全体学生再进行一次问卷调查和综合词汇测试，对选取的3个重点样本进行访谈录音，对比问卷变化、访谈录音和测试结果，观察数据变化，分析所采用的分层教学策略的有效性，做好实验总结。

（四）发现与讨论

1.从前、后测试成绩数据对比（表8.3.1）可以发现，本实验有效，实验班的平均分、差异系数、平均得分率与对比班相比都有很大提升。

表8.3.1　实验前测与后测成绩对比

项目＼班级	对比班			实验班		
	前测	后测	对比	前测	后测	对比
人数	56	56		55	55	
满分	120	120		120	120	
最高分	109	112		109	115	
最低分	0	17		7	10	
平均分	66.36	72.07	5.71	63.96	76.44	12.48
差异系数	0.43	0.4	−0.03	0.45	0.37	−0.08
平均得分率	0.55	0.6	0.05	0.53	0.64	0.11

2.词汇分层教学需要建立在同质分组的基础上，能够在同一个班级内实施课堂分层教学。需要借助电子书包、类似QIUZLET的教学APP和其他多媒体辅助手段的支持分层发布课堂教学任务，分层布置作业。

3.本实验验证了所采用的词汇分层课堂教学流程能够一定程度上解决了学困生欠缺语音知识、学习自信心不足，中等生词汇学习方法单一、单词记忆效果差，优等生语言综合运用能力不高的问题。

第四节　新冠肺炎疫情期间的教学探索

2020 年寒假期间,我国爆发新冠肺炎疫情,出于保护学生生命安全的需要,新学期开学时间被推迟,同时教育部发文号召各地"停课不停学"。在这样的背景下,我校和全国大部分学校一样采用了大规模线上教学的方式进行学科教学。

一、疫情期间我校开展线上教学的大致过程

2020 年 1 月底,学校安排各班由班主任牵头组建钉钉班群,邀请本班所有任课老师进群,要求所有学生建账号进群,为即将开始的网络教学做准备。

2 月 5 日,学校下发通知,要求所有老师进行钉钉群直播试验,熟悉直播、作业布置、作业提交、视频录制回放等功能,同时熟悉科大讯飞的智慧课堂直播平台,为即将开始的"停课不停学"做技术和资源的准备。

2 月 10 日是原定的新学期教师返校日,各备课组开始集体备课研讨网络教学计划和教学技术,重点是教学内容设计、直播平台的选择与使用。

2 月 17 日是原定学生开学时间,我校大规模网络在线教学拉开序幕,教师在家上网课,学生在家观看网课参与互动。按级部统一的课程表上课,课程表和日常学校的课程表大致相当,尤其需要指出的是课程表包括体育课和班会课,体育课由体育老师指导学生居家锻炼,班会课由学生最亲近的班主任实施必要的班级管理,包括生命教育在内的品德教育及心理疏导,缓解学生的居家焦虑。

3 月 9 日开始,初三级部老师白天到校在教室内给居家学生上网课,晚上在家给部分学生上培优网课。

5 月上旬,初一、初二继续居家上网课,初三开始复学并分班上课,即:为减少人员密度,一个班的学生占用两个相邻教室,其中一个教室现场讲授,另一个教室现场直播。

5 月中旬,全校复学后恢复正常上课。

二、疫情期间的网络教学与管理

1. 直播平台的选择与使用。

虽然智慧课堂在我校的使用已有相当的基础,但远程直播对大部分老师来说还是陌生的,所以在网课起始阶段,大家需要尝试不同的直播平台,这些

平台包括钉钉直播、QQ群直播、微信直播、智学网、CCtalk等。学校给各级部提出了推荐建议,但最终决定权是上课老师和学生家长,所以平台并不统一。但受学生平板所装平台版本的不同,初一、初二选择最多的是钉钉直播,初三是科大讯飞的"空中课堂"平台。

2. 信息平台在直播中的综合运用。

网课期间,直播课仅是学科教学的一个方面,对大部分班级和老师来说,一般会选择一个直播平台,外加多个群辅助。如:利用钉钉群直播,发送视频资源,使用微信群沟通交流,使用平板配套的作业平台推送分层作业、进行网络测验和数据收集等。

3. 网络教学的管理。

2020年2月9日,学校发布《"空中课堂"授课期间教研活动实施方案》,对网络授课期间的集体备课研讨、听评课研讨、教研组长职责、备课组长职责、教师职责等做了明确细致的规定。同日,学校还发布了《实验初中空中课堂评价方案(试行)》,对网络课堂行为进行引导规范,学校领导在网络教学过程中对网络课堂进行巡课,填写评价表,并多次公示网络直播课、作业、测验、批改、资源、教学互动等学习数据。为确保互动效果,学校规定网课以班为单位实施小班化上课,不允许老师把自己所执教的两个班的学生合在一起上网课。各班的班会、家长会,以级部为单位召开的家长会高密度地穿插进行,同时学校要求班主任和教师进行适当家访或分批邀请部分学生和家长进行小规模的见面活动,对学生和家长进行心理疏导。

4. 网课资源的开发和使用。

网课资源的开发和研讨是网络集体备课的一项重要内容,备课组对老师进行网课资源开发分工,先由老师们分工开发,再经备课组长审核后,共享给备课组全体教师使用。为方便老师们收集和开发网课资源,学校还在疫情期间为每个老师申请了"学科网"和"菁优网"的使用账号,在网课期间自由使用。

三、网课期间的教学探讨

1. 对网课出勤的管理。

利用共同做一个简单的选择题各自回复答案的方式签到;利用不定时随机打开学生麦克风要求学生互动的方式查看学生是否在线;考勤情况多群公

示,对缺勤人员家访、电话回访、钉钉回访、微信回访。

2. 对网课互动性的探讨。

网课互动贵在有效,趣在多样。视频互动、语音互动、文字互动;表情互动、手势互动、字母互动;外语互动、方言互动、歌声互动;回复数字1、回复666、回复一朵花;接龙互动、点评互动、评语互动。

3. 对教师角色的思考与定位。

做"十八线主播",展十八般武艺,从"牵生而教"走向"顺学而导";做"心理辅导员",打电话、发语音、晒图片、约见面,只为消除学生和家长的焦虑;做"学习的催化剂",画个甜饼让学习发生,添油加醋让学习有味,成长不延期,静待花开时;做"学生的勤务兵",建群分组催作业,考勤记录玩奖惩,学生虐我千百遍,我待学生如初恋;做"家长的好战友",家长无奈,长久陪伴变生活保姆为成长导师,教师有心,共育学生使家校两端成同壕战友。

4. 对教学资源的选择和利用。

(1)自主开发的课程:如数学组开发的自主研究性学习课程,与疫情有关的数字(初一);疫情防控中的统计知识与统计图(初二);病毒传播的指数模型(初三)等。

(2)网络资源的利用:网络上资源非常丰富,但找到适合的优质资源需要耗费大量时间。

四、疫情网课结束后的反思

在现阶段,对绝大多数学生来说,面授教学仍是至关重要的。尽管网络教学有种种优势,但从教学效果来说,网络教学与面授教学仍无法相比,网络教学想要达到或接近面授的效果,仍有很长的路要走。在教育效果上,尤其在满足人与人之间的社交需求、在满足学生之间的相互激励促进人的社会化方面,网络教育具有先天缺陷。

选择性是未来教育的重要趋势。未来的教育必定是学习资源可选、学习途径可选、学习方法可选、教师可选。相应的,多样性和可选性是课程资源建设的重要方向。

学会选择是学生的关键能力,自主、自律是学生的必备品质。

五、疫情期间班主任开展生命教育的案例

在"Excellent润德养正启智臻美"学校执行课程体系中,生命教育是"道

德与法治"课的重要内容之一。疫情期间,一些老师尤其是班主任老师结合疫情,以不同形式开发了一些生命教育的课程资源,进行了深入人心的生命教育实践。如,杨惠艳老师在其英语名师开放课中渗透尊重生命理念,融入生命教育内容,受到广泛好评。再如,班主任乔方荣老师在 2020 年 2 月 14 日,以书信形式给全班同学发信,进行生命教育,内容节选如下:

亲爱的 913 班孩子们:

2020 年 1 月 17 日,当我和你们一起打扫完教室,高高兴兴地和你们道声"再见"时,我以为我们很快会见,谁知道 2020 年的一场疫情让我们该见而不能见。

刚放假也许你还沉浸在假期的欢乐中,你还在想着要去哪里过春节,年后要到哪里去旅游,在假期快要结束的时候要到哪里疯玩一场,然后彻底收心,准备迎接你的第一次淘汰制的考试——中考。但是 2020 年 1 月 22 日冒出来的肺炎疫情打乱了你的一切计划,不仅有你的,还有全体国人的。从那以后,你看到的,听到的,感受到的,都是关于新冠肺炎疫情的。

……

一切美好的前提是活着。活着才能让那位说"你平安归来,老子包一年的家务"的老公实现自己的诺言,活着才能让陈琪方把借给哥们的妈妈和外公高高兴兴地要回来,活着才能让那位 90 岁的老奶奶和她守卫确诊的 70 岁的儿子再次团聚。

冬渐行渐远,愿孩子们一个人安安静静地努力读书,慢慢靠近自己想要的生活!

你们的班主任乔方荣

2020 年 2 月 14 日

班主任李云龙老师把自己关爱学生生命、践行立德树人使命的故事提炼为班主任开展生命教育的有效策略,节选如下:

初中班主任开展生命教育的有效策略

李云龙

(一)真情付出,感受师长的关爱

关爱和尊重是生命教育的一大命题。新课改明确强调,要树立以人为本的教育理念,给予学生充分的尊重和关爱。班主任在日常的班级管理工作中,也要通过关爱学生和尊重学生,给学生的生活和学习带来阳光,促使他们逐渐地感到自己生命的重要性和唯一性。例如,庚子之初,一场突如其来的疫情,向国人发起了猛烈的进攻,给人们的生命安全带来很大威胁。在这一特殊时期,作为班主任要给予学生更多的关爱。每天毫无遗漏地开展班级各项工作,做好班级小组评价,定期开展线上家长会,耐心与家长进行沟通,关注学生的心理变化,并给出科学的引导方法等,缓解学生的紧张和焦虑情绪。同时也让学生感受到老师对自己的关爱和重视。即使是叛逆的孩子,班主任也要抱着“不抛弃、不放弃”的责任心,对其进行有针对性的生命教育。问题学生小明在疫情期间,偷偷拿着压岁钱,在父母不知情的情况下买了一部手机,每天沉迷游戏,缺席网课。基于如此严重的情况,班主任冒着疫情的危险,多次进行家访,通过耐心引导,让其认识到如果长此以往,他的未来将是灰暗的,没有丝毫意义,从而引发其深深的思考和反省。小明的态度逐渐有了好转,主动把手机交给老师保管,投入线上学习当中。通过关爱和尊重,让学生明白了不能如此挥霍美好年华,要发挥自己的优势,要通过学习去证明自己,因为世界上只有一个独一无二的自己。

（二）家校合作,感受生命的价值

家庭是孩子的第一所学校,父母是孩子的第一任教师,家庭教育对孩子一生的成长与发展具有深远的价值和影响。所以说,缺失家庭教育的学校教育,或是缺失学校教育的家庭教育,都将无法独立完成教育的重任。在班主任开展的生命教育过程中,同样要善于通过家校合作,来让学生感受到生命价值。小李是一名沉迷游戏而拒绝上学的学生,他的父母为此操碎了心。班主任得知状况后,多次进行家访,但是每次都被小李拒之门外,根本没有与他接触的机会。无奈之下,班主任一方面鼓励家长要坚信办法总比问题多,另一方面同家长一起积极商讨教育策略。首先,家长要改变以往训斥责骂的态度,给予孩子尊重和关爱,给孩子创造一个和谐的家庭环境。其次,因为小李虽然学习不好,但是在班里的人缘很好,所以班主任组织全班同学给他写了一封鼓励信,以此来感化他,帮助他树立信心。一段时间以后,他认识到了自己的重要性,体验到生命的美好。为了进一步升华对小李的生命教育,全班同学还为小李过了一个难忘的生日,并为其送上了美好的生日祝福,小李的幸福之情溢于言表。新学期,小李被全班一致举荐为体育委员,并在学校开展的运动会上获得了长跑冠军，为班级争得了荣誉。家长、老师和同学们的鼓励，让他逐渐感受到生命价值，促使其今后积极探索生命的美妙。

（三）主题班会，感受生命的珍贵

主题班会是开展生命教育最简单的方式。班主任要全面而深刻地了解学生的身心发展，结合社会时事热点，定期组织不同的主题班会，通过丰富多彩的班会形式，对学生开展有效的生命教育。班会主题要贴近学生的生活，如网课复学后的心理教育、网络的危害、远离毒品、健康饮食、遵纪守法、交通安全以及紧急自救等，从方方面面来提升学生的生命安全意识，培养和锻炼学生的自我保护能力。主题班会的形式也是多种多样的，如"致敬先烈"的扫墓活动，"珍爱生命，远离毒品"的演讲比赛活动。开展种植植物、养育动物活动，让学生通过观察，见证生命的奇妙与珍贵。组织学生进行春游、秋游活动，让学生感受大自然的美好。带领学生走进商店、工厂、邮局、银行、法院等，以此来丰富学生的社会体验，让他们认识到生命的丰富多彩。秋天到田间地头参与劳动，感受劳动带来的收获和喜悦，等等。班主任可以通过形式多样的主题班会，引导学生去感受世界的美好以及生命的珍贵。

第九章

构建学校课程评价及保障体系

评价是课程的核心要素之一,要构建学校执行课程体系,就必须同步构建课程的评价及保障体系。

所谓课程评价,就是以一定的方法、途径对课程的计划、活动以及结果等有关问题的价值或特点做出判断的过程。如果对课程评价的对象做进一步要素分析,可将课程评价的内涵具体为:关于学生个性发展的价值判断,关于教师专业成长的价值判断,关于课程方案及其实施的价值判断。钟启泉等人认为:课程评价不仅要指出在学生个性发展、教师专业成长、课程方案及其实施等方面所期待的结果,还要判断达成此结果所需要的条件和手段,并基于证据说明什么教育行动是有价值的。

本研究所讨论的评价主要是对学生的评价。

第一节　构建多元评价体系

2016 年以来,伴随着内容体系和实施体系的构建,学校的课程评价体系也同步构建,其突出特征是多元评价。一是评价的价值取向多元,注重过程诊断。二是评价的维度多元,同时关注学习兴趣、学习态度、学习习惯、学习结果等多个维度。三是评价的表达多元,包括设计评价、交互评价、大数据评价、档案袋评价、表现性评价等。四是评价的主体多元,将自我评价、小组评价、教师评价等方式综合呈现。

2020 年 7 月,表征学校评价体系的《评价引领手册》《学生成长手册》《教师发展手册》《家校共育手册》编印完成。

一、课程评价需要目中有人

学习观转型：从"存储式"走向"建构式"。钟启泉教授指出，在我国中小学的日常教学中，教师在遇到学生学业困难的问题时，大多追究学生如何不成熟，如何努力不足，并且致力于填鸭式的灌输知识，借以克服学业困难。这其中所隐含的是一种"存储式"学习观。在这种教育观的支配下，作为"存储者"的教师一味地向作为"容器"的学生单向灌输知识，而学生进行的是死记硬背式的学习。其严重后果是，学生知识越丰富，其批判意识和变革世界意愿越衰弱，所以要努力把这种落后的学习观转变为"建构式"学习观。建构主义主张，知识并不是储存在个人头脑之中，而是在同周围的人与事物进行对话、合作的过程中社会地建构起来的。儿童是学习的主体，儿童理解的状态往往并不是无能的，恰恰是有能的一种表现。以儿童的有能性为核心，重视儿童认识的建构契机，就是"建构式学习观"的核心。

评价观转型：从"育分"走向"育人"。应试教育造成了"育分"评价观，其特征是重视学科知识点的掌握与基本技能的训练，重视把成绩和排名作为评价学生的唯一依据。这种评价观颠倒了儿童发展与考试评价之间的目的与手段的关系，它把考试当作目的，而把儿童学习与发展当成为考试服务的手段。这种评价观还混淆了"应试能力"与"基础学力"的概念，着意培养应试的机器，而不是提升解决真实问题的人。"育人"评价观则把考试评价当作手段，而将学习与发展当作目的，它着眼于学生的成长，充分关注每一个学习者的个性特征，同时活用纸笔测验中得来的信息，准确地把握学生的学习状态，为改进学习提供指引。

课程评价转型：从"功利化"走向"人性化"。教育不应当是片面的极端的功利教育，而应当是着眼于学生的人格发展与学力奠基的教育。要防止"功利化"评价，防止把课程窄化为学科，把学科窄化为教材，把教材窄化为知识点的思维，防止把教学窄化为现成知识点的灌输，把教育评价窄化成对现成知识点的记忆的测量。要强调"人性化"评价，强调儿童是整体的人，强调人格完善和全面发展，促成每一个儿童作为一个整体的人的"整体性"发展。

二、尊重差异的多元主体评价

受到学生家庭环境、成长环境、智力因素和非智力因素等诸多因素的影响，学生之间的差异是客观存在的。所以在课程评价中，我们必须承认并接受学生的差异,并尊重这种差异。应该通过评价来发掘不同学生的潜能,发展每一位学生的个性,促进学生的可持续发展。要提倡多主体参与评价,也就是评价的"主体"可以由教师、小组、家长以及学生本人共同组成,建立主体多元化的评价体系,不但可以充分调动学生参与评价的积极性,而且能够促进学生的潜能开发与个性发展。

(一)教师评价

教师评价起着诊断、调控、激励和评定的作用。教师评价在所有评价中处于最重要的地位,所以教师的评价常常影响师生之间的关系和学生对学科学习的喜欢程度。教师评价不能仅仅以学生的学业成绩为标准,而应该从多方位、多角度全面考查学生,例如学生独立思考的能力,掌握知识的情况,分析解决问题的能力,等等。评价中,教师也要重视学生学习的过程和体验,重视学习的方法与技能,重视学生课堂中与其他学生的交流与合作,注重学生的创新精神和实践能力。

(二)小组和同伴评价

常态化的六人学习小组中,学生之间形成优势互补,组内成员对同伴了如指掌,所以学生评价或小组评价往往最为客观真实,可以对教师评价起到补充甚至是纠正的作用。当然在学生评价中,有可能会出现互相挑毛病的现象,教师应及时引导,让同学之间寻找彼此的闪光点,并刻意向全班展示该同学的闪光点。这样学生就能学会如何发现与欣赏别人的优点,如何恰当地给予对方表扬和鼓励。

(三)家长评价

孩子的成长离不开家长的积极评价。家长在家中针对孩子的进步应该及时肯定,发现孩子的问题时应该及时纠正并引导。家长与教师应该加深理解配合,当学生出现问题时,如果教师与家长的评价一致,方法得当,就会事半功倍;相反,如果双方评价不一致,就会出现学生不服从教师管理的现象。

(四)自我评价

自我评价是对自己的思想、愿望、行为以及个性特点的评判。学生的自我评价会直接影响着学生参与学习的积极性,也会影响学生与别人之间的人际关系。如果学生能够正确评价自己,就能正确处理自己和他人、集体以及社会之间的关系,有利于自己扬长避短。

三、多样化的评价表达方式

评价的表达方式应该是多样化的,不仅包括评价的工具、手段、操作程序以及内容等,还包括学习成绩、才艺特长、进步幅度、学习适应性、综合素质等评价内容。

(一)分数和等级评价

分数评价具有一定的优越性,它把复杂的教育现象用简单的数字表示,这种评价方式忽视了学生个体的差异,流失了教育的意义和根本的内容,使得学生无法在各自的层次上往前发展,走向自我完善。所以在教学中,只有将分数评价与其他评价方法相结合,才能更加合理、准确地评价学生,有利于学生的发展。等级评价以优、良、达标、待达标等方式来显示学生的学习情况,这种评价是为了让学生注重学习的过程而不是结果,也是为了鼓励学生的自信心。

(二)成长记录袋评价

成长记录袋评价主要是搜集不同学生的学习、生活、习惯等相关信息,从这些信息中分析学生在学习过程中付出和收获的情况,以及成长的信息和目标完成情况。这种评价方式具有实践性、连续性、多元性,能客观地反映学生的真实情况和发展趋势。

(三)综合素质评价

综合素质评价注重学生的情感态度、价值观以及其他方面的潜能,注重学生的创新精神和实践能力的培养,注重学生的全面发展,这种评价方式全面评价学生多方面的素质和个性的发展。综合素质评价呈现出评价内容多样化,不但关注学生的成绩,而且关注学生潜能与特长的发展。综合素质评价是形成性评价和终结性评价有机结合的一种评价方式,既重视学生发展的变化过程,也重视学生的发展结果。这种评价方式的理念与内容、过程、结果反映对学生个性差异的尊重,引导学生实现自我教育,明确发展方向。

学生素养评价指标体系见表 9.1.1。

表 9.1.1　学生素养评价指标体系

评价内容及权重			评价主体	评价时间	评价方法	结果呈现及应用
一级指标	二级指标	三级指标				
A1 有道德 140 分	B1 自尊自律 80 分	C1 守时、惜时 C2 讲文明 C3 懂礼貌 C4 重仪表 C5 守秩序 C6 文明就餐 C7 安静午休 C8 爱护公物	组长,值日班长	每天评	行为习惯评价办法	分数纳入个人和小组发展银行
	B2 尊老爱幼 15 分	C9 尊敬长辈 C10 尊敬老师 C11 关爱儿童	组长,值日班长	每天评	行为习惯评价办法	分数纳入个人和小组发展银行
	B3 诚信友善 15 分	C12 诚实守信 C13 团结互助 C14 和善开明	班主任,班级考核小组	每学期评	学生素养评价办法	分数纳入个人和小组发展银行
	B4 感恩回报 10 分	C15 讲奉献 C16 助人为乐	班主任,班级考核小组	每学期评	学生素养评价办法	分数纳入个人和小组发展银行
	B5 家国情怀 10 分	C17 爱家、爱校、爱国 C18 遵守国旗法,会唱国歌、校歌	班主任,班级考核小组	每学期评	学生素养评价办法	分数纳入个人和小组发展银行
	B6 尊重自然 10 分	C19 保护环境 C20 和谐共处	班主任,班级考核小组	每学期评	学生素养评价办法	分数纳入个人和小组发展银行

评价内容及权重			评价主体	评价时间	评价方法	结果呈现及应用
一级指标	二级指标	三级指标				
A2 爱生活 240 分	B7 阳光乐观 15 分	C21 身心健康 C22 珍爱生命 C23 自信自强	班主任，班级考核小组	每学期评	学生素养评价办法	分数纳入个人和小组发展银行
	B8 卫生环保 50 分	C24 履行卫生义务，维护公共卫生 C25 不随地吐痰，不乱扔杂物 C26 橱柜、桌面整洁 C27 拒绝零食，拒绝外卖 C28 拒绝街边小摊小吃	组长，值日班长	每天评	行为习惯评价办法	分数纳入个人和小组发展银行
	B9 勤俭节约 15 分	C29 光盘餐饮 C30 节约纸张，节约用水、用电 C31 合理消费	班主任，班级考核小组	每学期评	学生素养评价办法	分数纳入个人和小组发展银行
	B10 沟通协调 15 分	C32 言语得体 C33 行为得当 C34 态度和善	班主任，班级考核小组	每学期评	学生素养评价办法	分数纳入个人和小组发展银行
	B11 健美审美 125 分	C35 积极参加并完成校本课程学习 C36 积极参加社团课程活动	班主任，班级考核小组	每学期评	学生素养评价办法	分数纳入个人和小组发展银行
	B12 艺体特长 20 分	C37 积极参加体育模块学习，掌握篮球、足球、羽毛球、跳远等运动中的其中两项基本技能 C38 积极参加艺术模块学习，掌握演唱、舞蹈、乐器、素描、戏剧等项目中其中一项艺术表现形式	班主任，班级考核小组	每学期评	学生素养评价办法	分数纳入个人和小组发展银行

续表

评价内容及权重			评价主体	评价时间	评价方法	结果呈现及应用
一级指标	二级指标	三级指标				
A3 会学习 555分	B13 乐学善思 100分	C39 态度端正 C40 合作高效 C41 积极善问	组长,值日班长	每天评	课堂学习评价办法,课堂及作业评价办法	分数纳入个人和小组发展银行
		C42 作业规范	任课教师			
	B14 学业成绩 350分	C43 成绩达到班级总人数的前30%等级为A,31%～60%等级为B,61%～90%等级为C,91%以后为D	班主任	每学期评	学生学业成绩评价办法	分数纳入个人和小组发展银行
	B15 兴趣特长 105分	C44 积极参加英语节 C45 积极参加吟诵节 C46 积极参加读写节 C47 积极参加科技节 C48 积极参加社团节 C49 积极参加艺术节 C50 积极参加体育节	班主任,班级考核小组	每学期评	学生素养评价办法	分数纳入个人和小组发展银行
A4 敢担当 65分	B16 民族精神 10分	C51 关注家乡,关心国家大事,维护国家荣誉 C52 有较强的民族自尊心和自豪感	班主任,班级考核小组	每学期评	学生素养评价办法	分数纳入个人和小组发展银行
	B17 研学交流 20分	C53 积极参加国内、国际研学交流活动	班主任,班级考核小组	每学期评	学生素养评价办法	分数纳入个人和小组发展银行
	B18 社会实践 5分	C54 积极参加学校、社区、社会志愿服务活动	班主任,班级考核小组	每学期评	学生素养评价办法	分数纳入个人和小组发展银行

续表

评价内容及权重			评价主体	评价时间	评价方法	结果呈现及应用
一级指标	二级指标	三级指标				
A4 敢担当 65分	B19 创作创新 20分	C55 积极参加创作活动,有获奖作品 C56 积极参加科技制作、机器人、航模等比赛,有获奖作品	班主任,班级考核小组	每学期评	学生素养评价办法	分数纳入个人和小组发展银行
	B20 网络空间 20分	C57 积极建立并完善个人博客、班级博客	班主任,班级考核小组	每学期评	学生素养评价办法	分数纳入个人和小组发展银行

四、学科课程纲要中设置的评价

在学科课程纲要中,每个学科的课程纲要都要设计评价建议。下面举例说明。

七年级地理学科课程评价建议:

1. 过程性评价(40%):分数和评语结合,课堂、作业各100分,根据实际情况每次分级奖罚1分、2分、3分,每周一小评,每半学期一汇总,期末总分80分以上等级为A,60～79分等级为B,其他等级为C。(个性化选修纳入奖励一栏,作为评优的参考依据)

2. 终结性评价(60%):达到总分的75%以上等级为A,60%～75%等级为B,其他等级为C。

3. 注重多元化评价:组评50% + 师评50%。

4. 结果应用:学期末根据每月表现统计所得等级数目,根据过程性评价占40%,终结性评价占60%,记入学生发展银行,作为评优依据和规划未来发展的依据。

5. 发展建议。给学生做出评价,目的是给出发展建议,为学生的学习成功创造良好的心理环境,使学生从评价中得到成功的体验,从而激发学生的学习动力,促进学生发展,提高教育质量。

附：评价量表（表 9.1.2）

表 9.1.2　七年级地理学科评价量表

评价内容		评价要素	评价标准	得分标准	评价方式	评价描述	奖励	发展建议
过程性评价（40%）	课堂	听说读写思	积极思考，言语得体，积极发言，善于倾听，小组合作，精彩展示	每周，通过表现，分 A、B、C 三个等级	每周组评，每周师评，每半学期汇总	说明奖励和扣分理由	个性化选修，拓展探究等突出表现	给出发展建议，促进学生发展，提高教育质量
	作业	数量质量认真	及时上交，保质保量，书写认真	每周，通过表现，分 A、B、C 三个等级	每周组评，每周师评，每半学期汇总	说明奖励和扣分理由	个性化选修，拓展探究等突出表现	
	个性化选修	目标方案资料成果	目标有价值，方案可行，资料翔实，展示精彩	每月通过项目验收，记录质量和数量	每月师评	说明奖励和扣分理由	个性化选修，拓展探究等突出表现	
终结性评价（60%）	单元检测 1	卷面规范质量	认真整洁，答题规范，质量较高	每阶段通过表现分 A、B、C 三个等级	每月师评	说明奖励和扣分理由	被推选为优秀并级部展示的考卷	
	期中检测							
	单元检测 2							
	期末检测							

五、研学旅行课程的评价

研学旅行课程是综合实践活动的一部分，其评价对规范学生的研学旅行行为、保障人身安全、保障研学质量具有重要意义。

（一）评价目的

1. 建立牢固的安全机制，确保学生的安全。

2. 培养学生的学习能力，引导学生学会学习、学会合作、学会交流分享。

3. 帮助学生养成良好的行为习惯，促进学生的健康成长。

（二）评价原则

关爱、呵护、督导、培育。

（三）评价内容

研学旅行课程评价分为过程性评价和终结性评价两部分。

1. 过程性评价（80分，见表9.1.3）

表 9.1.3

评价项目	关键评估点	赋分
时间观念	能够做到守时，没有无故缺勤、迟到等现象	10
专注学习	态度认真，准备充分，有成果收获	10
纪律意识	能够自觉服从老师管理，听从指挥，维护大局	20
文明礼仪	在公共场合能够注重礼仪规范	20
良好形象	严于律己，乐于助人，能够始终保持良好的中学生形象	20

2. 终结性评价（20分）

校外研学旅行课程结束后，学生须在班会课的课堂上进行交流分享。班主任老师依据表9.1.4中的评价标准对学生的交流分享情况进行评价。

表 9.1.4

评价项目	观察评估点	赋分		
		优秀	良好	一般
原创性	1. 分享成果是否为原创？ 2. 原创的分量有多少？	4	3	2
主题	1. 主题是否明确？ 2. 是否来自游学课程实践？	4	3	2
内容	1. 内容是否精彩？ 2. 内容是否丰富多彩？	4	3	2
形式	1. 有没有特色？ 2. 有没有做到图文并茂？ 3. 有没有最大限度地为主题服务？	4	3	2
表达	1. 语言表达是否清晰？ 2. 能不能体现自己对问题的独特理解或见解？	4	3	2

（四）评价方式

1. 过程性评价。由指导教师全面、具体负责，线路负责老师要协助指导教师做好学生的教育管理；线路负责老师在研学旅行期间至少检查 2 次学生完成学习任务的情况，并记入过程性评价；线路负责老师汇总本线路学生的过程性评价成绩，并将电子版发给研学旅行课程负责人。

2. 终结性评价。由各班主任统一规划和实施，原则上要求在校外研学旅行课程结束后两周内完成，由各班主任将名单及评价成绩电子版反馈给研学旅行课程负责人。

3. 赋予研学旅行课程等级。研学旅行课程负责人按照年级汇总每个学生的过程性评价及终结性评价成绩，依据标准完成研学旅行赋予等级工作，并将该等级结果及相关材料交给学校档案室留存，同时反馈给各班主任，各班主任将此成绩记入学生电子档案。

（五）评价结果的使用

1. 过程性评价与终结性评价成绩之和，达到 75 分及其以上，赋予 A 级；达到 65～74 分，赋予 B 级；达到 60～64 分，赋予 C 级；低于 60 分，赋予 D 级。

2. 研学过程中，学生的行为表现问题严重、影响极坏，线路负责老师协同指导老师将情况如实记录，并反馈给年级和研学旅行项目组。年级和研学旅行项目组将根据学生的实际表现裁决是否赋予其相应等级或者限制其申报其他集体外出活动。

第二节　构建配套的课程保障体系

一、现代学校制度建设与课程保障体系

2016—2017 学年度，学校创编了保障课程研发、实施、评价完整链条的现代学校制度，汇编成 50 余万字的《完美教育法 2.0 版》，2018 年修订后成为《完美教育法 3.0 版》，2020 年修订后成为《完美教育法 4.0 版》。其核心内容"创新法人治理结构项目"荣获青岛市第四届教育改革创新奖。学校《创新学校法人治理结构，构建完美教育制度体系》在全国首届"中小学管理创新案例"评选中获十佳创新案例第一名，2019 年 7 月全国"重构学校——新时代学校管理创新研讨现场会"在我校召开。

　　《完美教育法 4.0 版》包括依法办学制度、科学发展制度、自主管理制度、岗位职责制度、立德树人制度、教师发展制度、课程教学制度、民主监督制度、社会参与制度、社团活动制度、党务建设制度等十一部分，是青岛西海岸新区实验初中办学的总纲领，也是学校课程建设的坚实保障。其中第七部分是课程教学制度，包括实验初中课程方案、教学常规制度、走课制度、考务制度、学校课程申报制度、导学案及作业检查标准、考务考核标准、教师作业布置与批改要求细则、学生课堂常规要求细则、教师课堂教学行为规范、教师演示实验和学生分组实验要求、实验室教学管理考核实施细则、体育教学评价办法、课程整合教师综合考核细则等。这些制度和细则是与学校执行课程体系配套的保障体系的一部分。

　　北京师范大学中国教育政策研究院执行院长、原山东省教育厅巡视员张志勇专门为我校撰文《释放学校自主发展的内在活力》，指出："建立现代学校制度的根本目的，是在整个学校教育中形成尊重人的主体性、解放人的创造性、造就人的向善性的制度环境。判断现代学校制度是否科学、是否完善的唯一标准是学校自主发展的内在活力是否得到了真正的释放。就学校办学层面讲，要看学校是否形成了尊重规律、依靠科学、改革创新、自主发展的有效机制；就教师队伍建设来讲，要看教师是否能从教育教学活动中享受到职业生活的幸福？是否致力于探究儿童成长的奥秘？是否具有自主发展的内在动力；就广大学生来讲，要看学生是否充分感受到学校生活的幸福，是否真正拥有自己喜欢的学科？是否得到了全面而自由的发展？令人欣慰的是，在青岛开发区实验初中，以实施'完美教育'为宗旨，创建了释放广大师生创造性的一系列有效载体。诸如，学校将日常工作以项目形式来组织实施，实施'项目负责制'，鼓励干部师生根据自身专长自主申报。语文组、英语组、艺体组、九年级师生发展中心分别申报并承办了学校诗文吟诵节、英语节、艺术节、体育节、九年级毕业课程等活动，让广大师生真正品尝到了当家做主的感觉；通过学生会、学生社团、学生智囊团等组织，实现了学生日常事务的自主管理，等等。现代学校制度建设，青岛开发区实验初中堪称典范。"

　　中国教育科学研究院李继星教授用"一套适合该校发展的现代学校制度体系已经形成，创造可持续发展的未来型学校，一颗璀璨明星正冉冉升起"给予热情鼓励。国家教育行政学院教育制度创新研究中心赵宏强主任用"内源式现代学校制度范式的整体创新，使学校步入了法治、民主、合作、高效的治理新常态,一个新的学校组织形态、制度形态正日趋清晰地呈现在我们面前"对学校做出高度评价。教育部主管的《未来教育家》杂志出专刊向全国介绍了学校治理现代化的做法。中国教育学会名誉会长顾明远先生欣然题词"实现完美教育的梦想"。

二、课程保障体系的主要内容

1. 成立学校课程审查与管理委员会。不断修订完善《青岛西海岸新区实验初中学校课程审议制度》,成立学校课程审查与管理委员会。

委员会的主要职责是:审议学科改编的《课程标准》;审议学科教师编写的《课程纲要》;审核学校自编教学讲义、教学素材的质量,提出修改意见,不合格的讲义不得用于教学;审核校本课程开设申请和课程质量,评估校本课程实施效果。

2. 学校课程建设要主动接受上级部门及校外专家的指导。

3. 修订完善《青岛西海岸新区实验初级中学校本课程开发与管理制度》,使之适应"十四五"时期本课程方案的要求。

4. 加强教学研究与教师培训。不断修订青岛西海岸新区实验初级中学"教学常规制度""教研常规制度""未来教育家论坛流程""集体备课流程""教师外出培训流程""走课制度"等,为课程研发提供保障。

工作要点是:

学校坚持每周半日全员学科教研制度。全体教师以学科为单位,每周设置半天时间进行集体教研,并逐步提高教研质量。教研活动设为学校重大活动,纳入教师考核。

学校坚持每周一次的未来教育家论坛制度。每周一下午第4节课,全校教师在学术报告厅举行未来教育家论坛,主要内容包括教师培训、专家报告、全校性的教学研讨、教学展示等。

学校坚持教师外出培训制度,利用各种机会组织教师培训,促进教师形成先进的课程理念,提高教师的课程开发与实施能力和校长的课程领导能力。

5. 经费及保障。加大对课程资源建设的投入力度,加快课程资源建设步伐,并建立有效机制,实现优质课程资源的共享。学校的课程评价及保障体系纳入学校现代教育制度汇编《完美教育法》中并定期修订。

第十章

结　语

"十三五"期间,青岛西海岸新区实验初级中学在课程建设方面取得了丰硕的成果,也有一些亟待解决的问题。

第一节　课程建设的成果

一、整体性、一体化地构建学校执行课程体系

(一)内容结构

课程名称:"Excellent 润德养正启智臻美"学校执行课程体系。

课程目标:初步形成正确的人生观、价值观和世界观,具有民族精神和国际视野、民主与法治意识、社会责任感;具有适应终生学习的基础知识、基本技能和学习策略;具有初步的创新精神、实践能力和可持续发展能力;具有基本的人文素养和科学素养;具有健康的个性和良好的身心素质,养成健康的审美情趣和生活方式,成为有道德、爱生活、会学习、敢担当的现代中国人。

课程类型:课程体系由基础型课程、拓展探究型课程和个性化课程组成。

学习领域:语言与文学、数学与逻辑、科学与技术、艺术与审美、体育与健康、社会与实践。

科目设置:包括涉及各学习领域的 14 个学科以及兴趣活动、社团活动、研究活动、综合实践活动和各类专题教育。14 个学科如下:语文、数学、外语(英语等)、道德与法治、历史、地理、物理、化学、生物、信息技术、体育、心理健康、音乐、美术。

（二）资源体系

资源体系包括：精细化改写后的各学科课程标准；全学段整体编制的各学科课程纲要；与国家课程融合配套的整合版讲义、教程；适应全学段全学科信息化和网络化学与教的导学单、微课知识树及配套资源。

设置地方课程学科归属的基本思路和措施：山东省和青岛市面向初中生的地方课程按单元的内容属性确定学科归属，内容属性不够明确的以跨学科整合的形式归入一个或多个学科的拓展内容中；地方课程所占用的课时量按归属内容的比例加入相应学科课程中。

采用学科整合和集中开设的方式实施综合实践活动课程。

（三）实施体系

要点：问题导学，分层走班，艺体分块，社团自治，等等。

问题导学教学模式是一种以学生主动参与为前提，以自主学习为途径，以问题为核心，以探究为主线，以引导为桥梁，以多维互动为形式，以全程反馈为保障，旨在培养学生自主思考和合作探究能力的课堂教学模式。目标是让学生成为"有创新精神和实践能力的人"，为终身学习和发展奠定基础。

实施分层走班教学。在不改变行政班属性的前提下，依据学生的差异，把学生分成不同的层次，并按不同的层次设置教学班，在教学班内进行教学的一种教学方式。其目的是使部分科目的教学最大限度地适应学生的学习基础差异和学习习惯差异，最大限度地保证每一个学生在原有的基础上稳步提升。

艺体教学采用"模块化双环节"教学模式。首先将教材内容整合成"理论与赏析"和"操作与实践"课。其中，"理论与赏析"课集中在一个月之内完成，"操作与实践"以全校统一的特色活动课程形式完成。每学期学生根据个人兴趣，对所设计的模块任选其一，学生采用选课走班的形式上课，所选模块一个学期变动一次。在模块选择中，艺体课采用"267"上课组织形式，其中"2"指2个环节，"6"指6个班级，"7"指7个模块，6个班级分成7个模块同时上课。

学生社团课程的开设。学校要求学生全员参与，在初一或初二至少参加一个社团，并采用以"社团课程学生自主开发，自主实施，自我管理"为核心的"社团自治"制度，同时学生社团接受社团发展服务中心的管理。

（四）评价与保障体系

观念更新：课程评价需要"目中有人"：从"存储式学习观"走向"建构式学习观"，从"育分评价观"走向"育人评价观"，从"功利化课程评价"走向"人性化课程评价"。

评价要点：一是评价的价值取向多元，注重过程诊断。二是评价维度多元，同时关注学习兴趣、学习态度、学习习惯、学习结果等多个维度。三是评价的表达多元，包括设计评价、交互评价、大数据评价、档案袋评价、表现性评价等。四是评价的主体多元，将自我评价、小组评价、教师评价等方式综合呈现。

保障要点：一是组织机构保障；二是制度保障；三是人力智力保障；四是经费保障。保障体系的主要内容汇编为 50 余万字的《完美教育法 4.0 版》一书。

二、提出学校执行课程体系研发的实践模式

1. 差异化发展理念。

国家课程目标达成过程差异化，个性发展目标方式差异化，人人幸福成长之道差异化。

2. 整体性建设思路。

尊重国家课程的权威性和完整性，形成三级课程整体建设、三年课程整体设计、三大体系整体构建的建设思路。

3. 研发流程及要点。

明确国家课程要求，调研并分析学生学习需求。

明确学校培养目标定位，课程框架系统设计。

精研学科课程标准，编写学科课程纲要。

建设立体化课程资源体系。

设计差异化实施方案。

构建多元个性诊断评价及保障体系。

实施—评估—修订—完善。

三、构建信息化背景下的"问题导学"教学模式群

1. 基本模式。

"问题导学"五环节：问题导入—呈现目标—释疑巩固—盘点提升—当堂达标。

"释疑巩固"五步骤：自主学习—合作探究—展示交流—质疑点拨—巩固练习。

2. 信息化模式。

课前确定上课起点：微课助学，基础前测，数据分析。

课中技术全面介入：学情即时呈现，资源即时生成，达标当堂完成。

课后差异化指导：依据学情数据推送差异化作业，提供个性化指导。

3. 变式。

有模式但不唯模式。在问题导学基本模式的基础上，各学科可以根据学科特点、课型特点和信息化条件等因素对问题导学模式进行变式，逐渐形成了问题导学教学模式群。

四、构建适应初中生差异化发展的策略体系

1. 以丰富可选的课程类型适应学生的差异化发展。

2. 以创新性的教学实施适应学生的差异化发展。

要点：分层走班；艺体分块；学习共同体协作；设置差异化学习目标；安排差异化学习任务；布置差异化作业；进行差异化指导；气质类型识别；兴趣激励。

3. 以信息化支持学生的差异化发展。

要点：学习资源可选化；学习活动智慧化；学习工具便捷化；学习支持精准化；学习方式多样化；学习时空泛在化。

4. 以多元化评价保障学生的差异化发展。

五、研究成果的创新点

1. 理念创新：提出了学校执行课程体系建设的理念和思路。

凝练出"国家课程目标达成过程差异化，个性发展目标方式差异化，人人幸福成长之道差异化"的育人理念。形成了"三级课程整体建设，三年课程整体设计，三大体系整体构建"的学校执行课程体系建设思路：目标上追求核心素养与综合素质的有机结合，内容上体现难度分层、阶梯递进，方式上倡导差异导学、活动助长，评价上注重个性诊断、补短扬长，为培养时代新人、助力个个出彩提供支撑。

2. 模式创新：提出了学校执行课程体系建设的模式。

流程与要点：明确国家课程要求，调研并分析学生学习需求；明确学校培养目标定位，课程框架系统设计；精研学科课程标准，编写学科课程纲要；建设立体化课程资源体系；设计精细化差异化实施方案；构建多元个性诊断评价及保障体系。该模式形成了可推广、能复制的初中段课程建设经验。

3. 体系创新：构建了"Excellent 润德养正启智臻美"学校执行课程体系。

涵盖语文、数学、道德与法治等 14 个学科以及社团、综合实践活动的内容体系，以问题导学、分层走班、艺体分块、社团自治、学法重构为要点的实施体系，以多元评价、个性化诊断、制度体制保障为要点的评价及保障体系。

六、学校课程体系的实施效果

1. 促进了学生全面发展和差异化发展。

学校各类人才不断涌现：3 500 余名学生在学科、文学、艺术、体育等各级各类活动中获奖，147 名学生获得国家发明专利，一大批"学生创客"脱颖而出。机器人竞赛小组荣获山东省机器人大赛中学组一等奖，机器人社团在韩国举行的东盟十三国科技大赛中摘得一金两银，"小小发明家"社团在第 67 届德国纽伦堡国际发明展上获得一金一银两铜的好成绩，参加第 68 届德国纽伦堡国际发明展中国区选拔赛获金奖 4 件。第 25 届国际啤酒节期间，创客空间成员史衍钊、韩悦萌自主设计打印的"调酒神器"已经申请国家专利并有厂家计划投入生产。崔文博、唐燕南担任卫星"少年星"原型设计师，刻上他们名字的卫星已发射升空。

学生还纷纷登上全国和国际舞台，与郎朗等名人大师同台演出，赴香港参加"视像中国"第十二届埠际辩论赛，小海鸥艺术团获邀在维也纳金色大厅、美国林肯中心演出。学生写的 490 多篇文章在《当代小作家》等正规刊物发表，王若畅同学成为起点中文网年龄最小的签约作家。

2. 促进了教师的专业提升。

至 2020 年底，实验初中先后有 1 194 人次教师在全国、省、市、区各类大赛中展示获奖，厉希华、窦秋婷等老师荣获全国及山东省优质课评比一等奖。李素香于 2018 年获评国务院特殊津贴专家，2019 年获得明远教育奖；刘同军获评"万人计划"领军人才和国家级教学名师，获聘山东省齐鲁名师领航工作室主持人，入选青岛市首届"未来之星"高端人才培养对象；林殿莉、逄杰等 12 位老师获评山东省特级教师、青岛名师等市级以上荣誉称号。共有 62 项教师研究成果在各级正规报刊上发表,出版《李素香与完美教育》等专著 37 部。

3. 促进了学校办学品质的稳步提高。

该课程体系建设成果实施以来,学校的中考实现了连续夺冠:在划片招生的背景下,学生中考高分率、优秀率、平均分、录取率均居全区第一。学校荣获全国创新教育示范校、教育部网络学习空间人人通专项培训首批基地学校、山东省规范化学校等多项荣誉称号,成功举办全国现代学校制度建设研讨会、中国教育报刊社青岛西海岸年会、山东省首届课程整合现场会等有影响力的活动 10 余次。

该成果在贵州、辽宁、四川、山东等省市学校进行实践检验,取得了良好效果,吸引了来自北京、广东、新疆、内蒙古和中国香港、台湾地区的兄弟学校参观学习,接待了来自美国、俄罗斯、澳大利亚、芬兰、不丹、伊朗、韩国、埃塞俄比亚等五大洲国家和联合国教科文组织的教育同行考察交流。

2017 年 12 月,我校作为全国统筹县域内城乡义务教育一体化改革发展现场推进会观摩现场,时任教育部部长陈宝生带队考察后认为学校推进课程改革、加快教育信息化建设取得的成绩值得推广。

《人民日报》、《光明日报》、《中国教育报》、中央电视台、新华网等 20 余家权威媒体多次报道了学校的课程改革经验。

第二节　分析、建议和展望

一、分析

1. 课程对学生差异化的适应是有层次的。我们构建的课程体系在很大程度上满足了学生差异化的发展需求,但尚未做到更为精准的、适应学生个性化发展的需求。

2. 教师发展的差异化影响着学生发展的差异化。本研究对教师发展的差异化研究不足,需在后续研究中给予关注。

3. 虽然我们经过了不懈努力,但是不得不承认,所编制的资源体系在学科之间、年级之间还存在着较为严重的不平衡,还在一定程度上存在资源质量不高的现象。

二、建议

1. 学生的差异化发展需求是一个与时俱进的过程。如何使已有的课程体系最大限度地适应和满足学生不断变化的发展需求,是需要进一步研究的问题之一。

2. 用一校之力编制学校课程体系,如何确保课程资源体系的质量,是有待进一步研究的重要问题。

3. 学校在实施新的课程体系时,如何面对上级和区域的阶段性教学考核,需要有区域制度的设计,也是需要进一步研究的问题。

三、展望

在"十四五"开局之年,青岛西海岸新区实验初级中学迎来了集团化办学等崭新的发展机遇,相信在刘光平校长的带领下,学校的课程建设及各项工作一定能取得更加丰硕的成果。

参考文献

[1] 钟启泉. 现代课程论（新版）[M]. 上海：上海教育出版社，2015.

[2] 钟启泉. 课程的逻辑 [M]. 上海：华东师范大学出版社，2008.

[3] 李希贵. 学校转型：北京十一学校创新育人模式的探索 [M]. 北京：教育科学出版社，2014.

[4] 李建平. 中国教育寻变：北京十一学校的 1500 天 [M]. 北京：教育科学出版社，2015.

[5] 林崇德. 21 世纪学生发展核心素养研究 [M]. 北京：北京师范大学出版社，2016.

[6] ［美］迈克尔·霍恩. 混合式学习：用颠覆式创新推动教育革命 [M]. 聂风华，徐铁英，译. 北京：机械工业出版社，2016.

[7] 华国栋. 差异教学论（修订版）[M]. 北京：教育科学出版社，2007.

[8] 华国栋. 差异教学策略 [M]. 北京：北京师范大学出版社，2009.

[9] 王本陆，汪明. 学校课程建设的三大趋向 [J]. 天津师范大学学报（基础教育版），2016（4）.

[10] 李群，张萍萍. 国家课程校本化实施的三种基本范式 [J]. 中小学管理，2015（11）.

[11] 张威. 基于顶层设计理念的学校课程建设研究 [D]. 芜湖：安徽师范大学，2015.

[12] 黄春梅，司晓宏. 从校本课程到课程校本化 [J]. 中国教育学刊，2013（3）.

[13] 杨德军，王凯. 三级课程整体建设：北京的实践探索 [J]. 中小学管理，2013（12）.

[14] 胡定荣. 当前中小学课程建设中面临的八大问题与改进建议 [J]. 现代基础教育研究，2016（3）.

[15] 杨志成. 论学校课程整合与课程体系建构的一般逻辑 [J]. 课程·教材·教法，2016（8）.

[16] 李定恒. 论课程差异化 [D]. 开封:河南大学,2007.

[17] 杨四耕. 有逻辑地推进学校课程变革 [J]. 中国民族教育,2016(Z1).

[18] 崔允漷. 学校课程建设:为何与何为 [J]. 中国民族教育,2016(Z1).

[19] 刘英. 我国课程整合问题的回顾与展望 [J]. 课程与管理,2017(1).

[20] 张定强,金江熙. 对信息技术与数学课程整合的一些新思考 [J]. 电化教育研究,2006(1).

[21] 张筱玮. 基于信息技术和学生学习的数学课程设计和内容呈现研究 [D]. 天津:天津师范大学,2013.

[22] 左晓明,田艳丽,负超. 基于 GeoGebra 的数学教学全过程优化研究 [J]. 数学教育学报,2010(2).

[23] 王美,廖媛,黄璐,等. 数字时代重思学习:赋予学习科学重要使命 [J]. 开放教育研究,2018(10).

[24] 尹睿,黄甫全,曾文婕,等. 人工智能与学科教学深度融合创生智能课程 [J]. 开放教育研究,2018(12).

[25] 熊才平,戴红斌,葛军. 教育技术:研究进展及反思 [J]. 教育研究,2018(3).

[26] 杨玉璇. 中、新、美三国初中数学教科书中有关信息技术内容的比较研究 —— 以"人教版""Marshall Cavendish 版"和"Glencoe 版"教科书为例 [D]. 兰州:西北师范大学,2015.

[27] 伍远岳. 论课程的适应性与学校课程重建 [J]. 课程・教材・教法,2017(5).

[28] 曹培杰,王素. 未来学校:"互联网＋"时代的教育创新 [J]. 中小学学校管理,2017(8).

[29] 程红兵. 围绕核心素养,探究面向未来的课程结构变革 [J]. 课程・教材・教法,2017(1).

[30] 陈东永,李红鸣,郭子其. 基于每位学生充分发展的学校课程创生设计 —— 以成都树德中学"卓越人生"教育学校课程建设为例 [J]. 课程・教材・教法,2015(8).

[31] 李雁冰. 课程评价论 [M]. 上海:上海教育出版社,2002.

[32] 钟启泉,崔允漷. 从失衡走向平衡:素质教育课程评价体系研究 [M]. 北京:经济科学出版社,2014.

[33] 张定强. 论信息技术与数学课程整合的基本理念 [J]. 中国电化教育, 2005（6）.

[34] 姜玉莲. 技术丰富课堂环境下高阶思维发展模型建构研究 [D]. 长春: 东北师范大学, 2017.

[35] 朱彩兰, 李艺. 走向课程思想的信息技术教学变迁路径分析 [J]. 中国电化教育, 2015（9）.